Claudia Keller erzählt mit trockenem Witz, sarkastisch, boshaft und treffsicher aus dem Frauenalltag. Sie erzählt von weiblichen Singles und ihren oft ungewöhnlichen Partnern, von nervigen Freundinnen und Generationskonflikten, vom täglichen Lieben und Leiden. Von Männern, die sich für unwiderstehlich halten, auch wenn sie eher unausstehlich sind. Und von Männern, die der Jugend Maienblüte längst hinter sich gelassen haben und dennoch meinen, Frauen, die nicht mehr achtzehn sind, müßten ihnen dankbar sein, wenn sie sich ihrer erbarmten. Denn wie heißt es doch so treffend: »Eine Frau über Fünfunddreißig läuft eher Gefahr, von einem Tiger gefressen zu werden, als einen Mann zu finden …«

Claudia Keller, Jahrgang 1944, schrieb neben Kurzgeschichten und Satiren die Romane »Streitorchester« und »Du wirst lachen, mir geht's gut!«. Im Fischer Taschenbuch Verlag erschien die Trilogie »Windeln, Wut und wilde Träume« (Band 4721), »Kinder, Küche und Karriere« (Band 10137), »Frisch befreit ist halb gewonnen« (Band 10752) und ihr Roman »Der Flop« (Band 4753).

Für eine Kurzfassung des Romans »Der Flop« erhielt sie den Frankfurter Fabrikschreiberpreis und den Literaturpreis von Aachen, für die Kurzgeschichte »Unser Doktor Ghosami« den Hafizpreis für Satire. Claudia Keller lebt in Frankfurt am Main.

Claudia Keller
Kein Tiger in Sicht

Satirische Geschichten

Fischer Taschenbuch Verlag

Die Frau in der Gesellschaft
Herausgegeben von Ingeborg Mues

Originalausgabe
Veröffentlicht im Fischer Taschenbuch Verlag GmbH,
Frankfurt am Main, November 1993

Umschlaggestaltung: Ingrid Hensinger, Hamburg
Gesamtherstellung: Clausen & Bosse, Leck
Printed in Germany
ISBN 3-596-11945-6

Gedruckt auf chlor- und säurefreiem Papier

Claudia Keller
Kein Tiger in Sicht

Satirische Geschichten

Fischer Taschenbuch Verlag

Die Frau in der Gesellschaft
Herausgegeben von Ingeborg Mues

Originalausgabe
Veröffentlicht im Fischer Taschenbuch Verlag GmbH,
Frankfurt am Main, November 1993

Umschlaggestaltung: Ingrid Hensinger, Hamburg
Gesamtherstellung: Clausen & Bosse, Leck
Printed in Germany
ISBN 3-596-11945-6

Gedruckt auf chlor- und säurefreiem Papier

Inhalt

Frau extra

PS
Mann extra

Single & Partner

Als Single ist man nicht einsam,
man fühlt sich nur so…
Lila, 48, Single

Svenny, my Darling

Als ich Annabarbara erzählte, daß ich die Gegenwart Rafaels nicht mehr ertragen könne und es satt hätte, ihm länger zu dienen, hob sie kurz den Kopf von ihrer Meditationsbank und schlug mir eine Trennung vor.

»Verbring den Winter in meinem Waldhaus«, sagte sie. »Finde zu dir selbst, suche deine Mitte und schreib endlich das Buch, von dem du schon so lange sprichst! Vor allem aber, vergiß diesen Macho!«

»Steht das Haus den ganzen Winter über leer?« fragte ich. »Oder werde ich es mit jemandem teilen müssen?«

»Natürlich mußt du es mit niemandem teilen«, sagte Annabarbara, und dummerweise glaubte ich ihr.

Der Ofen ist schon vor mir da!

Er kennt sich aus, genießt die älteren Rechte und weiß, wie man die Weiber, die ab und an auftauchen und alles durcheinanderbringen, in Trab hält, wie man sie sich gefügig macht und zum Wahnsinn treibt.

Er freut sich bereits auf den Winter und das Zusammenleben mit mir, als ich, neu eingezogen, dumm und unwissend mit meiner Schreibmaschine und der Bücherkiste im Haus herumstehe. Er gehört der Spezies »Schwedischer Kaminofen« mit Sichtfenster an, ist somit etwas »Besseres« und hat ansonsten alle Tugenden und Untugenden eines echten Lebenskameraden. Ich nenne ihn anfangs »Svenny-Darling«, dann »Herzlieb« oder »Warmer Bruder«, später, als es zu ersten Spannungen kommt, »Giftspritze« und »schwarzer Satan« und lasse mich in Zeiten echter Nervenkrisen gar zu »Widerlicher stinkender Bastard« hinreißen.

Wie er mich nannte, hab ich nie erfahren. Er gehörte der eher schweigsamen Sorte, Typ »maulender Pascha«, an und war als solcher wenig mitteilsam.

Ich hab diesen Typ nie besonders gemocht.

Am Tag meines Einzugs war es warm. Mildes Oktoberwetter. Das Häuschen, einsam am Hang gelegen mit Blick über die Dächer der im Tal liegenden Stadt, hatte sich durch die Mittagssonne angenehm erwärmt. Ich hängte meine wenigen Kleider in den Schrank, stellte die Schreibmaschine auf den Tisch, lief geschäftig hin und her und schenkte dem in seiner Ecke vor sich hin dösenden Svenny-Darling wenig Beachtung. Dies nahm er mir gewaltig übel. Er haßt, ich wußte es damals noch nicht, nichts mehr, als nicht beachtet zu werden. Mit sinkenden Temperaturen wußte er sich zu rächen. Ich sollte rasch lernen, daß ich das romantische Häuschen nicht nur mit Svenny-Darling teilen mußte, sondern daß er darüber hinaus der Boß war, der mich zu seiner Sklavin machte, die nach kurzem erfolglosen Aufbegehren die Waffen streckte und seine Alleinherrschaft anerkannte. Denn er konnte sehr gut ohne mich leben, ich jedoch nicht ohne ihn, eine ernüchternde Erkenntnis, der ich mich murrend fügte. Svenny-Darling befahl – und ich sprang, und zwar an sieben Tagen in der Woche und rund um die Uhr...

Ich lernte rasch, daß er am Morgen auf nüchternen Magen nur knochentrocknes Holz verträgt, welches haarfein gespaltet sein muß, daß er zu Mittag nach kräftiger Buche verlangt und zum Tee ein oder zwei Briketts gereicht haben möchte. Am Abend liebt er es dagegen stilvoll in mehreren Gängen: Holzglut, Brikett, Buchenscheite, alles fein abgeschmeckt mit einer Prise trockner Rinde, und überdies noch einige Briketts als Betthupferl gegen Mitternacht. Um vier Uhr in der Früh hat er's dann gern, daß man noch einmal nach ihm sieht und ihn ein bißchen kitzelt und bestochert, dann murkelt er zufrieden vor sich hin und hält bis morgens durch, wobei »morgens« acht Uhr bedeutet und nicht das in Dichterkreisen so beliebte »Frühstück zur Mittagszeit«.

Es dauerte nicht lange, und er betrachtete mich als die ihm rechtmäßig Anvertraute. Er nahm mich in dieser Eigenschaft voll in seinen Besitz und zwinkerte mir vertraulich zu, wenn ich des Morgens auf allen vieren und mit rußgeschwärzter Nase vor ihm lag, um ihm mit einigen Zeremonien das Frühstück zu reichen. Längeres Verweilen »in der Welt da draußen« quittierte er schon bald mit mauligem Vor-sich-hin-Grummeln und frostigem Sich-Zurückziehen. Blieb ich ungewöhnlich lange fort, um mich »mit einem anderen zu amüsieren« (ein einmaliger Versuch!), so begann er giftig vor sich hin zu schwelen und brachte seine Empörung schließlich durch gewaltige Rauchwolken zum Ausdruck, so daß mir die sprichwörtlich »dicke Luft« bereits im Hof entgegenkam.

Nach meinem ungebührlichen Fernbleiben bockte er drei Tage lang, zeigte sich äußerst verstimmt und spielte »Wie du mir, so ich dir« und »Jetzt brauchste auch nicht mehr zu kommen« mit mir. Er war kaum zu beruhigen, obwohl ich ihm, vom schlechten Gewissen geplagt, besonders zärtlich den Bauch kitzelte und ihm die Hölzchen für sein Nachtmahl einzeln anbot.

Inzwischen hat er mich so gut im Griff, daß ich bei meinen seltenen Ausgängen spätestens gegen Mitternacht unruhig werde, weil ich weiß, daß *er* mit umwölkter Stirn auf mich wartet und keinen weiteren Verbleib duldet, ohne seinerseits Maßnahmen zu ergreifen – und leider weiß er inzwischen – genausogut wie Rafael –, an welcher Stelle er mich am härtesten trifft...

Am liebsten hält er mich ganz im Haus, à la »Nur wir beide«, wir zwei im trauten Tête-à-tête. Die Welt bleibt draußen vor der Tür. Er unten, den Eingang bewachend, ich oben an der Schreibmaschine, bereit, beim geringsten Räusperchen seinerseits aufzuspringen und nach etwaigen Wünschen zu forschen, um sie fliegenden Fußes und liebenden Herzens zu erfüllen.

Er hat's halt gern, wenn ich für ihn tätig bin: die Kohleneimer aus dem Keller wuchte, den Aschkübel herumtrage, schwitzend und unter der Last der Buchenscheite schier zusammenbrechend über den Hof taumle, und was der kleinen Dienstleistungen mehr sind, die ich für meinen Pascha verrichte.

Anstatt ein bahnbrechendes Werk zu schreiben oder mich wenigstens auf die Suche nach mir selbst zu machen, anstatt endlich einmal selbst »Maestro« zu sein, bin ich nun wieder die Muse eines Maestros geworden, deren alleiniger Lebenszweck es ist, den Meister bei Laune zu halten, ihm die Wünsche von der Stirn abzulesen, unerwünschte Besucher fernzuhalten und die Flamme seines Genies zu hüten.

Als echtes Sensibelchen ist er überdies stark wetterempfindlich, und so gehört es zu meinen Aufgaben, allmorgendlich festzustellen, woher der Wind weht, ob die Luft klar und rein ist oder ob ihm Regen und Wind auf den Kamin drücken, um anschließend seine Diät fein darauf abzustimmen. Ich warte auf den Tag, an dem er verlangt, daß ich die Hölzchen, die er zum Frühstück zu sich nimmt, nicht nur hauchdünn spalte, sondern sie darüber hinaus über Nacht in meinem Bett erwärme, auf daß sie die richtige Temperatur für seinen empfindlichen Magen haben. Inzwischen bin ich so gut dressiert, daß ich bereits an der Art, in der Svenny-Darling des Morgens an seinen Hölzchen leckt, erkennen kann, ob »wir« heute unter Stimmungen oder Depressionen leiden, wobei meine Depressionen von seinen Stimmungen abhängig sind.

Besuch schätzt Svenny-Darling nicht!!!

Zu sehen, wie ich meine körperliche und seelische Kraft, meine Aufmerksamkeit und Hilfsbereitschaft irgendeinem wildfremden Widerling schenke, der nicht das geringste bei uns zu suchen hat und für den er, Svennylein, über Stunden hinweg sträflich vernachlässigt wird, quittiert er mit beleidigtem Vor-sich-hin-Brüten und anschließendem völligen Erkalten. Auf die an solchen Tagen üblichen, lieblos-hastig in seinen Schlund gestopften Mahlzeiten, womöglich noch im Stehen dargereicht ohne diese nette, kleine Zeremonie, bei der ich gewöhnlich vor ihm in die Knie gehe, reagiert er zunächst mit einigen Unmutswölkchen und bei weiterer Mißachtung mit giftigen Schwaden, die das ganze Haus einnebeln und jeden Gast zum beschleunigten Rückzug veranlassen.

Auch Rafael tritt nach einem völlig mißglückten Wochenende, an dem wir zu zweit bemüht gewesen waren, Svenny-Darling ein wenig Wärme zu entlocken, und uns beim gemeinsamen Schleppen der Buchenscheite unverhofft wieder nähergekommen sind, einen verfrühten Rückzug an.

»Du willst doch wohl nicht länger bei ihm bleiben?« fragte er, die Reisetasche bereits in der Hand, und wirft dem in seiner Ecke vor sich hin maulenden Svenny einen angewiderten Blick zu.

»Doch«, sage ich.

»Ihr Weiber seid einfach zum Dienen geboren«, stellt Rafael fest.

»Wahrscheinlich«, antworte ich.

Als Rafael gegangen ist, kühle ich Svennys vor Wut glühendes Rohr mit feuchten Umschlägen, bereite ihm ein Nachtmahl aus Brikett, viel Ofenanzünder und Hölzchen, so fein gespaltet, daß sie von Prinzeßböhnchen in irgendeinem Luxusrestaurant kaum mehr zu unterscheiden sind, und flüstere ihm zu, daß er doch mein Bester sei, mein Herz nur ihm allein gehöre und kein Rafael der Welt uns jemals trennen könne... Und eitel, wie er ist, glaubt er meine Lüge sogar.

Irgendwo in der Ferne unterhalb der Hofmauer, vor der ich für Svenny das Holz schlage, liegt die Stadt. Bisweilen höre ich ihr Leben, ihren raschen Pulsschlag, erfüllt von einer unbestimmten Sehnsucht, die mich erfaßt, wenn ich am Fenster lehne und zu den Lichtern im Tal hinabschaue. Meine Welt besteht aus »Haus und Hof« und endet am Tor. Ausflüge gestattet mein Gebieter gerade bis zu dem kleinen Gemischtwarenlädchen am Ende der Straße, in dem ich für mich ein Viertelpfund Leberwurst und für ihn eine Schachtel Ofenanzünder kaufe. Weitere Expeditionen läßt seine Eifersucht nicht zu. Dabei lebt er, dessen bin ich sicher, in dem süßen Wahn, daß mich unsere Zweisamkeit ebenso befriedigt wie ihn, ja daß ich richtig glücklich mit ihm bin, wobei er das leise Lächeln, das manchmal meine Lippen umspielt, völlig falsch interpretiert. Denn im nächsten Frühling, das habe ich beschlossen, werde ich Svenny-Darling verlassen. Es wird der Tag kommen, an dem ich ihm zum letztenmal die Hölzchen spalte und zum letztenmal seinen feisten Wanst fülle.

Und dann werde ich meine Sachen packen und gehen!

Zurück zu Rafael.

Bitte piepsen Sie nach dem Piepton

»Hier ist der automatische Anrufbeantworter von Gerlinda Dunnisack. Ich bin zur Zeit nicht zu Hause, rufe jedoch zurück, wenn Sie Ihren Namen und Ihre Telefonnummer hinterlassen. Bitte piepsen Sie nach dem Piepton!«

Vor Verblüffung fällt mir beinahe der Hörer aus der Hand. Gerlinda ist alles andere als der humorige Typ, und was ein Witz ist, hat sie noch nie verstanden. Im Gegenteil: Niemand meiner Freunde fordert mich so oft und so nachdrücklich auf, »doch jetzt bitte ernst zu bleiben«, wie Gerlinda. Und ausgerechnet sie soll sich eine so alberne Ansage leisten? Ich wähle erneut ihre Nummer, vorwiegend, um sicher zu sein, daß ich mich nicht verhört habe. Habe ich nicht! Gerlinda trägt mir tatsächlich, und ohne auch nur ein bißchen zu lachen, mit todernster Stimme auf, nach dem Piepton zu piepsen. Ich piepse, so gut ich kann, und lege auf.

Zwei Tage später treffe ich sie im Supermarkt.

»Hast du mein Piepsen gehört?« frage ich sie.

»Ja!«

»Und warum hast du nicht zurückgepiepst?«

»Sei nicht albern«, sagt sie. »Seitdem ich das blöde Ding habe, bin ich total vereinsamt. Anstatt Namen und Telefonnummer zu hinterlassen, piepsen die Leute wie blödsinnig das Band voll. So etwas ist nur einmal witzig!«

»Aber warum änderst du denn nicht einfach die Ansage von Piepsen auf Sprechen? *Sprechen* Sie nach dem Piepton.«

Gerlinda blickt mich weidwund an.

»Du hast wohl keinen Anrufbeantworter?«

»Nein!«

»Dann rede nicht über Dinge, von denen du nichts verstehst! Die Ansage ändern...« Sie wirft mir einen verächtlichen Blick zu und macht sich kopfschüttelnd Richtung »Backwaren« davon.

Vor der Kasse treffen wir uns wieder.

»Wenn du nämlich am Ende ganz erschöpft nur noch irgend

etwas vor dich hinröchelst, beschließt dieser sadistische Typ, nun doch noch tätig zu werden, und vor lauter Angst, daß es danach nie mehr klappt, nimmst du einfach alles hin!« Sie sieht mich mit zitternden Mundwinkeln an.

»Um Gottes willen, von wem sprichst du?« flüstere ich ihr zu.

»Von meinem Anrufbeantworter, diesem Freundschaftskiller natürlich!« Sie kämpft heftig mit einem Schluckauf.

»Schon recht«, sage ich und streiche ihr beruhigend über das Haar. »Du wirst sehen, alles wird gut!«

»Ganz dicht ist sie schließlich nie gewesen«, denke ich wenig später, als ich gelangweilt in der Küche stehe und darauf warte, daß das Kaffeewasser durch den Filter läuft. Um die Wartezeit angenehm zu überbrücken, wähle ich Gerlindas Nummer, piepse ihr was und lege kichernd auf.

Es kam der unheilvolle Tag, an dem auch ich beschloß, mir so einen »elektronischen Butler« ins Haus zu nehmen. Einen Butler, der erst einmal abcheckt, wer denn da die Herrschaft zu sprechen wünscht, ehe die Herrschaft persönlich in Erscheinung tritt.

Es geschah nach jenem arbeitsintensiven Morgen, an dem ich, um meinen eher selten auftretenden Eifer nicht in sinnlosen Telefonaten verpuffen zu lassen, zehnmaliges Klingeln überhörte, ehe ich schließlich, in der Annahme, daß ich hier womöglich das Gespräch des Jahres ignorierte, doch abnahm!

Es war Onkel Justus!

Zunächst einmal forschte er nach meinem Wohlbefinden, schilderte detailliert die Symptome einer Nagelbettentzündung, lobte das schöne Wetter und kam dann zum Eigentlichen. Ja nun, er habe diesen schönen Morgen eigentlich der Gartenarbeit widmen wollen, aber der Nagelbettabszeß und die traurige Tatsache, daß ihm gestern der Gartenschlauch geplatzt sei, hätten diesen löblichen Vorsatz zu gleichen Teilen verhindert. Und deshalb hätten er und Tante Erika beschlossen, mich mitsamt der beiden gerade bei ihnen weilenden Enkelchen zu besuchen. »Wie gut, daß ich einfach mal angerufen habe«, fügt er launig hinzu, »wir fürchteten schon, du seiest nicht zu Hause! Gegen drei sind wir da!«

Am nächsten Morgen spreche ich in meinem Büroladen vor. Ein

smarter junger Mann schwatzt mir ein Gerät für über dreihundert Mark auf, erklärt es als marktführend und unüberbietbar in der Leistung. Dann trägt er mir auf, die Gebrauchsanweisung vor der Inbetriebnahme gut zu studieren.

Zu Hause nehme ich das dreißigseitige Werk mißtrauisch zur Hand. Die Kapitel, welche sich mit der Fernabfrage beschäftigen, überschlage ich sofort, da mich selten das Gelüst überkommt, meinen Gang durch die örtlichen Parkanlagen und/oder Kaufhäuser zu unterbrechen, um nachzuforschen, ob derweil zu Hause ein Anruf eingegangen ist und von wem. Zudem habe ich nicht vor, meinem Versprechen, »sofort zurückzurufen«, von einer Telefonzelle aus nachzukommen.

Ich schlage also gleich Seite sechs auf und lese mich mit gerunzelter Stirn unter »Vorbereitungen« fest. Die »Vorbereitungen« sind kurz und von zwei anschaulichen Bildchen begleitet.

1. Legen Sie die Ansagekassette und die Aufzeichnungskassette in das Kassettenfach ein.

2. Schalten Sie den Netzschalter auf EIN. Die Betriebsanzeige leuchtet auf.

Das Bild zeigt ganz richtig den bewußten Schalter, über dem AUS und EIN steht. Ein Pfeil weist überdies in Richtung EIN. Ich schalte auf EIN. Die Betriebsanzeige leuchtet sofort auf. Perfekt! Ein Erfolgserlebnis der schlichten Art, von der Sorte: Erfolg für jedermann.

Kapitel drei: »Aufsprechen des Ansagetextes.« Jetzt wird's heikel. Das Kapitel beginnt mit einem furchterregenden ACHTUNG. Hinter dem ACHTUNG folgen drei Ausrufezeichen.

Ich putze meine Brille und vertiefe mich (Achtung!!!) mit äußerster Konzentration in den Text:

»Während des Ansagetextes dürfen keine Pausen von mehr als zwei Sekunden Dauer eingelegt werden.«

Aha, für Stotterer und Leute, die denken, während sie sprechen, ist dieses Gerät also ungeeignet. Für geistig Eingeschränkte nicht, denn der Hersteller hält es für wichtig, den Zweck der Übung näher zu erklären: »Durch den Ansagetext informieren Sie den Anrufenden über Ihre Abwesenheit.«

Ich atme tief durch und bin jetzt schon erschöpft.

Jetzt wird's ernst... Ich räuspere mich frei und vertiefe mich in das Beispiel für eine gelungene Ansage. »Guten Tag, hier ist die Parasoni Deutschland GmbH. Unser Büro ist bereits geschlossen, deshalb haben wir unseren Anrufbeantworter eingeschaltet. Bitte nennen Sie Namen und Telefonnummer, wir rufen Sie schnellstmöglich zurück. Bitte sprechen Sie nach dem Signalton.« Dazu gibt es die Anweisung: »Drücken Sie die REC- und die START/STOP-Taste, bis Sie einen Signalton hören. Danach beide Tasten loslassen. Sprechen Sie laut und deutlich aus 20 cm Entfernung in das Mikrofon. Aufnahmezeit: Min. 12 Sek., max. 21 Sek.«

Zum Schluß wird noch darauf hingewiesen, daß drei Sekunden vor Ablauf der Aufnahmezeit die Betriebsanzeige schnell zu blinken beginnt. »Schließen Sie Ihren Meldetext ab!«

So weit, so gut. Ich lese die Anweisung mehrere Male, messe mit dem Zollstock die Entfernung von 20 Zentimetern ab und teste die Dauer des Beispieltextes. Bei normaler Sprechgeschwindigkeit benötige ich für diese Ansage 17 Sekunden. Ich ersetze die »Parasoni GmbH« durch meinen Namen und teile anstelle des »geschlossenen Büros« mein »Nichtzuhausesein« mit. Müßte klargehen! Ich räuspere mich frei, strecke den Hals bis an die 20-Zentimeter-Markierungslinie vor, drücke REC und START/STOP und sage ohne jegliche Atempause: »Guten Tag, hier ist der Anrufbeantworter von...«

Es ertönt ein längerer Piepton, die Betriebsanzeige beginnt wie besessen zu flackern: Störung! Ich sacke schlaff in mich zusammen, rapple mich jedoch wieder hoch und vertiefe mich noch einmal, diesmal mit gesteigerter Konzentration, in die drei Bilder, die den Text veranschaulichen. Sie zeigen die REC und die START/STOP-Taste, die es zu drücken gilt, und ferner den Kopf einer Frau, die mit gespitzten Lippen in Richtung »Mic« spricht. Mir ist warm geworden, ich fühle mich kribblig, gereizt werfe ich die Jacke ab. Vielleicht habe ich zu leise gesprochen. Ich mache einen »Trockenversuch«, teile mir selbst mit lauter Stimme mit, daß ich der Anrufbeantworter bin, leider zur Zeit nicht zu Hause weile, mich jedoch freuen würde, wenn der Anrufende eine Nachricht hinterließe. »Bitte sprechen Sie nach dem

Piepton!« Ich stoppe die Zeit. Diesmal sind es 22 Sekunden, exakt eine zuviel. Ich öffne die oberen Blusenknöpfe!

Dann überprüfe ich meinen Text und kürze ihn.

Anstelle des umständlichen »Hier ist der Anrufbeantworter von Fritzi Fischer...« heißt es nun knapp formuliert: »Fritzi Fischer Anrufbeantworter. Ich bin leider nicht zu Hause. Hinterlassen Sie Ihre Nachricht nach dem Piepton.« Zack! Kasernenhofton ist nichts dagegen.

Ehe ich den Ernstfall starte, trinke ich ein Glas Wein, um mich in lockere Stimmung zu bringen. Dann begebe ich mich mit elastisch ruckendem Hals an die Demarkationslinie, drücke beherzt REC und START/STOP und spule meine Ansage runter. Bereits nach zwei Sekunden ertönt der Signalton, das Licht flackert erregt... Störung!

Ruhig Blut! Keinesfalls durchdrehen! Tief durchatmen, nicht verzweifeln, stur am Ball beziehungsweise an der REC/START/STOP-Taste bleiben! Noch ist nicht aller Tage Abend. Auch mein Anrufbeantworter wird schließlich in der Lage sein, genervten Anrufern die herbe Mitteilung zu verpassen, daß Fritzi Fischer zur Zeit leider nicht... ach, lassen wir das!

Nach der Jacke werfe ich nun auch die Bluse ab, kühle mir den Puls, genehmige mir zur Beruhigung ein weiteres Glas Wein, zünde eine Zigarette an, inhaliere tief, drücke REC und START/STOP und sage, mühsam um Beherrschung ringend: »Hier ist der Anrufbeantworter von Fritzi Fischer. Ich bin zur Zeit nicht zu Hause. Rufe aber zurück, wenn Sie eine Nachricht hinterlassen. Bitte sprechen Sie nach dem Piepton!«

Perfekt! Kein Signalton, kein Flackern unterbricht diesmal den Text. Dafür ist im Inneren des Gerätes ein emsiges Schalten und Knacken zu hören, das Band dreht sich und spult zurück, es kracht, daß sich der Deckel hebt, REC und START/STOP-Taste geraten in zittrige Vibration, und zu meinem Entsetzen höre ich meinen eigenen Ansagetext. Er klingt fürchterlich, das nebenbei. Zudem ist er inhaltlich falsch. Schließlich ist es ja keineswegs so, daß der Anrufbeantworter von Fritzi Fischer nicht zu Hause ist, wie selbiger dies dem Anrufenden weismachen will. Der Anrufbeantworter ist sehr wohl zu Hause, sonst könnte er sich ja nicht melden. Genaugenommen müßte es heißen: Anstelle von Fritzi Fischer ist deren Anrufbeantworter zu Hause...

Aber seien wir nicht kleinlich. Schließlich tut es gut zu wissen, daß überhaupt jemand zu Hause und kommunikationsbereit ist. Ich blättere in der Bedienungsanleitung und beruhige mich. Alles ist richtig. »Das Gerät gibt Ihren Ansagetext wieder« steht da zu lesen. »Stellen Sie nun noch die gewünschte Lautstärke ein!«

Ich stelle die Lautstärke auf »mittel« und gehe zufrieden ins Bett. Das rote Lämpchen glüht traulich durch die Nacht.

Am nächsten Morgen suche ich eine Telefonzelle auf und wähle die Nummer von Fritzi Fischer. Es knackt in der Leitung, dann teilt mir Fritzi Fischer mit ersterbender Stimme mit, daß dort der Anrufbeantworter sei, der zur Zeit jedoch leider nicht... nun gut, das wissen wir ja. Ich sage so pro forma, daß ich Fritzi grüßen lasse, ihren Anrufbeantworter sehr leidenschaftslos finde und mich später wieder melde. Dann eile ich nach Hause. Das Lichtchen, das signalisieren soll, daß ein Anruf vorliegt, flackert mir vergnügt entgegen. Ich drücke die Wiedergabetaste und höre, daß der Anrufbeantworter ein leidenschaftsloser Typ sei... und so weiter. Zufrieden sitze ich neben dem Gerät auf meinem Sofa und lächle vor mich hin. Alles perfekt!

Nachmittags kommt die Krise! Der Ansagetext *ist* tatsächlich ein bißchen schlapp.

Leute, die nicht wissen, daß es sich bei Fritzi Fischer um eine topaktuelle, temperamentvolle Frau handelt, müssen ein ganz falsches Bild bekommen. So etwas ist nicht ungefährlich. Was, wenn sich ein Werbemanager meldet, der eine sprudelnd-kesse Ansagerin für »Prixi-Frisch-Coce« sucht, auf Fritzi Fischer aufmerksam gemacht wurde und anruft... und dann an diese triefende Stimme gerät?

Diesmal entwerfe ich einen sportlich-frechen Text. Einen, der sofort signalisiert, daß Fritzi Fischer nicht nur verdammt fixfrisch, sondern überdies ungemein erfolgreich ist.

»Fritzi Fischer GmbH. Frau Fischer weilt zur Zeit in Mexiko. Speichern Sie Ihr Info ein. Legen Sie nach dem Piepton los!«

Es piepst empört bei »Legen Sie...«, dann bei »Mexiko«, dann bei »Fischer«. Dann ist das Gerät es restlos leid und piepst bereits, noch ehe ich mich überhaupt zurechtgerückt und mein Kinn in Position gebracht habe.

Ich werfe Jacke und Bluse ab, zwirble mir das feuchte Haar aus der Stirn, trinke eine halbe Flasche Schampus, nähere mich der Satansmaschine und brülle sie mit aller Kraft an: »Hier Fritzi Fischer, zur Zeit in Mexiko! Der Anrufbeantworter ruft zurück. Aber erst nach dem Piepton.«

Perfekt! Diese Ansage klingt vielleicht ein wenig barsch, wird aber von allen Anrufern als erfrischend kurz und originell gelobt.

Doch das Glück dauert nicht lange.

In der folgenden Zeit flackert die Störanzeige, wenn:

- ein Anrufer die Ansage anhört und, anstatt den Piepton abzuwarten, sofort zu sprechen beginnt: Störung!
- jemand den Piepton brav abwartet, sich dann jedoch nicht entschließen kann zu sprechen, sondern statt dessen atemlos lauscht: Störung!
- jemand sich räuspert, kurz zu sprechen beginnt, es sich jedoch anders überlegt und auflegt: Störung!

Jede Störanzeige bedeutet, daß das Gerät leider nicht imstande ist, weitere Nachrichten aufzuzeichnen. Was der Anrufende jedoch nicht merkt, denn die Ansage mitsamt dem Versprechen, daß zurückgerufen werde, funktioniert tadellos. Und immer mehr Leute, die brav Namen und Nummer ins Nichts gesprochen haben, rufen nie mehr an, sondern warten auf den Rückruf.

Ich denke an Gerlinda und ihre Bemerkung über die Vereinsamung der Besitzer von Anrufbeantwortern. Auch ihre zitternden Mundwinkel fallen mir wieder ein. Meine zittern zwar noch nicht (zumindest nicht ständig!), aber geschehen muß etwas.

Ich erzähle Gerd von meinem Leid. Gerd veräußert Autoradios, Autotelefone und Anrufbeantworter. Er erklärt den Knaben, der mir den *Panasonic* angedreht hat, zum totalen Schwachkopf.

»Der Mann muß doch auf den ersten Blick gesehen haben, daß du mit diesem Ding überfordert bist. *Sechs* Knöpfe, *zwei* Bänder, viel zu kompliziert für dich.«

Er schickt mich mit einer chromblitzenden Maschine nach Hause, die er mir für eine Übungswoche überläßt. »Ehe auf Probe« sozusagen. Wir quälen uns redlich miteinander ab, aber bereits am ersten Abend ist klar: Wir passen nicht zueinander. Schon äußerlich ist mir der Typ zuwider, und in diesen Dingen bin ich empfindlich.

Gerd nimmt ihn, ohne mit der Wimper zu zucken, zurück. Er überlegt. »Ja, da habe ich noch den Kleinen von...«

Mein nächster ist ein Thai: schwarz, mini, formschön, handlich! Und für jemanden wie mich, der nicht besonders gut zählen kann, ist die Dreiknopfautomatik gerade richtig.

Es gibt eine Taste für die Aufnahme (ohne jegliche Zeitbegrenzung!), eine für *Abfrage*, eine für *Stop*. Die Betriebsanleitung hat ganze vier Seiten. Ich fühle sofort: der Kleine ist mein Typ.

Ich spreche meinen Ansagetext ohne jegliche Entfernungsmarkierung und ohne Stoppuhr leicht von der Lippe. Dann drücke ich »on« und höre mir das Gesagte an.

Gefällt mir nicht so ganz. Noch einmal, etwas frecher formuliert! Einfach so, locker vom Hocker... herrlich! Ja, das ist die Maschine für mich. Ich spreche lange Texte und kurze, variiere meinen Namen, die Nummer und die Stadt, in der ich lebe, bin einmal nicht »zu Hause« und einmal nicht »daheim« und verbringe einen genußreichen Abend.

In der Nacht glüht die Bereitschaftslampe vorschriftsmäßig, dann kommt tagsdrauf der erste Anruf. Das Maschinchen springt laut knallend an, ich höre unangenehm dröhnend meine eigene Ansage, vernehme sodann, daß es Susanne ist, die sich aus den Staaten meldet. Auf diesen Anruf habe ich seit Monaten gewartet. Ich reiße den Hörer hoch.

»Hallo, Sanna!« Dem kleinen Thai paßt es nicht, daß ich in seinem Revier wildere. Laut dröhnt er in unser Gespräch hinein, ich kann kaum verstehen, was Sanna sagt: »...schlechte Verbindung... verstehe dich nicht... später noch einmal...« Oder so ähnlich! Macht fast gar nichts! Nachdem Sanna aufgelegt hat, kann ich unser »Gespräch« Wort für Wort, untermalt von lautstarkem Gebrumm, vom Band abhören, sooft ich es nur will.

In der folgenden Zeit kommt der kleine Thai der selbstgestellten Aufgabe, jedes Gespräch aufzuzeichnen, egal, ob man den Hörer abnimmt oder nicht, gewissenhaft nach.

Ideal ist das nicht. »Der Butler« soll den Gast anmelden und sich dann diskret zurückziehen. Mein Butler hält nichts davon. Er mischt sich lautstark und störend in jedes Gespräch und ist durch nichts von seiner Dienstbeflissenheit abzubringen.

Da ich ihn »sonst« jedoch gern bei mir habe, nutze ich seine Fähigkeiten nunmehr dazu, meine spanischen Sprachübungen auf Band zu sprechen, zu korrigieren, zu löschen und neu zu sprechen, sooft ich nur mag. Da ich oft übe, klingt's jetzt schon richtig nach Flamenco. Wenn Sie meine Nummer wählen, können Sie sich davon überzeugen. Aber bitte sprechen Sie Ihrerseits nicht!!! Das Gerät geht sonst auf Störung.

Sprich dich aus

Als Single ist man nicht einsam, man fühlt sich nur so. Schließlich hat man ein Telefon und ein Telefonregister, gespickt mit den Nummern netter Freundinnen, die, wie stets warmherzig versichert wird, immer für dich da sind. »Ruf mich an, sprich dich aus!«

Rrrrrrr...

»Toller?«

»Hallo, Lila, hier Susi. Mein Gott, wie gut, daß du da bist. Ich hatte heute früh einen solchen Schock, ich muß das einfach sofort loswerden.«

»Erzähl!«

»Ja also, zunächst, ich kann dich heute nachmittag nicht zu Lisa fahren, ich hatte nämlich eben einen Unfall, bin noch ganz fertig! Denk dir, direkt vor dem Elisabethkrankenhaus...«

»Ach, das Elisabethkrankenhaus... Da hab ich auch mal gelegen, damals mit meiner Thrombose auf Station A!«

»Ja also, ich komme aus der Bäckerstraße, will links in die Gartenallee abbiegen...«

»In die Gartenallee? Du, auf die hab ich damals aus meinem Fenster gucken können, eine zauberhafte Straße. Ich erinnere mich, daß damals gerade die Linden blühten, und die Vögel piepsten wie verrückt, mitten in der Stadt.«

»Da kommt so ein Kerl mit seinem Drecksmercedes eben aus dieser zauberhaften Gartenallee, überfährt eine rote Ampel...«

»Du, sag nichts gegen Mercedes! Mein Bruder Rudi hat sich jetzt einen gekauft, ich sage dir, er ist *so* zufrieden... aber ist das nicht ein dolles Ding, daß sie jetzt immer mehr Ampeln wegnehmen? Hier direkt an der Bushaltestelle gegenüber auch. Die alten Leutchen trauen sich gar nicht mehr rüber!«

»Ich hätte ja vielleicht noch bremsen können, aber wegen der Bäume war mir die Sicht total versperrt. Der Polizist sagte auch, daß zumindest die ersten drei unmittelbar an der Kreuzung wegmüssen. Da knallt's nämlich fast jede Woche. Lebensgefährlich ist das.«

»Ja schrecklich, nicht, daß die immer mehr Bäume abholzen. Hier auch, die ganze rechte Seite der Kastanienstraße, alles weg. Ich finde, dagegen müßte man einschreiten.«

»Meine Bremsspur war deutlich zu sehen. Vollbremsung, aber zu spät. Ich trotz Gurt voll gegen die Windschutzscheibe!«

»Du, der Rudi hat jetzt eine heizbare in seinem neuen Wagen. Der sagt, das sei ein Unterschied wie Tag und Nacht, man setzt sich morgens rein und...«

»Ach gut, daß du ihn gerade erwähnst! Ich dachte, es ist doch sicher möglich, daß er dich heute nachmittag zu Lisa fährt!«

»Wieso denn der Rudi? Wir hatten doch abgemacht, daß du mich abholst!«

»Aber ich versuche es dir doch gerade zu erklären, ich hatte da heute vormittag einen schweren Unfall vor dem Elisabethkran...«

»Ach ja, da waren wir stehengeblieben... Was wolltest du noch sagen?«

»Daß ich da heute morgen um neun...«

»So früh? Du, da ist die Monika gekommen. Die Schwester von Jochen, der mir damals die Waschmaschine repariert hat. Wir haben ganz gemütlich zusammen gefrühstückt. Die hat übrigens auch mal im Elisabethkrankenhaus gelegen, und das Tollste, die kennt sogar Doktor Willmann. Ein zauberhafter Mann, du *mußt* ihn kennenlernen, wenn du mal wieder im Elisabeth liegst. Melde dich bei dem, unbedingt... und bestell ihm die herzlichsten Grüße von mir... Susi... hallo... Susi!!!

Aufgelegt. Komisch. Erst unterbricht sie mich dauernd, dann legt sie einfach auf. Erschien mir überhaupt so nervös!«

Rrrrrrrr...

»Toller?«

»Traudl! Morgen, hast du einen Augenblick Zeit?«

»Aber natürlich, ich hatte gerade so ein nettes Gespräch mit Susi. Leider hatte sie es sehr eilig!«

»Na, kein Wunder, wenn man einen solchen Unfall hatte, fast Totalschaden, der ganze Motor...«

»Ach, hat sie einen Unfall gehabt? Wußte ich gar nicht! Mir schien sie an sich ganz vergnügt. Ich glaube, sie wollte jemanden im Elisabethkrankenhaus besuchen. Kennst du das Elisabethkrankenhaus?«

»Welches Elisabethkrankenhaus? Nein, ich wollte nur sagen, daß ich heute nachmittag leider nicht mit zu Lisa kommen kann, denk dir, ich war gestern mit Püppi im Merkinger Wäldchen, und plötzlich stolpert sie über so eine blöde Baumwurzel...«

»Ist es nicht schrecklich, daß sie immer mehr Bäume abholzen? Susi sagte auch, sogar die herrlichen Linden in der Gartenallee...«

»Ja also Püppi stolpert und bricht sich doch tatsächlich den Knöchel. Ich mußte sie dann zum Parkplatz zurücktragen, zum Glück ist sie ja ein Leichtgewicht...«

»Du, hab ich dir eigentlich erzählt, daß ich fünf Kilo abgenommen habe? Kartoffeldiät, saaagenhaft... und gar nicht schwer. Damals, als ich im Elisabethkrankenhaus gelegen habe, ach apropos, kennst du eigentlich Doktor Willmann? Ein zauberhafter Mann. Wenn du wieder mal im Elisabethkrankenhaus sein solltest, dann grüße ihn doch ganz herzlich von mir und...«

»Ich muß auflegen, bei mir klingelt's Sturm!«

»Ja, mach's gut, danke für deinen Anruf, und wenn du nächsten Sonntag wieder mit Püppi wandern gehst, dann nimm mich doch mit!«

Rrrrrrr...

»Toller.«

»Hallo, Lila, hier Mizzi!«

»Hallo, Mizzi, gut, daß du anrufst. Denk dir, ich kann heute nachmittag leider nicht kommen, die Susi fährt nicht, da ist was mit dem Wagen, irgendwas mit der Windschutzscheibe, glaube ich...«

»Ach, ich kann leider auch nicht hingehen! Ich warte doch nun seit Monaten auf mein neues Schlafzimmer und ausgerechnet heute... und meine Nachbarin, die sonst schon mal einspringt, die ist vor drei Tagen nach Berlin geflogen, stell dir vor, der hat man das Bundesverdienstkreuz...«

»Ach-mein-Berlin! Weißt du eigentlich, daß ich um ein Haar

eine waschechte Berlinerin geworden wäre? Meine Mutter, deren Großmutter väterlicherseits übrigens aus einer alten Berliner Familie stammte, war damals auf der Fahrt nach Berlin, und unterwegs, da setzen doch verfrüht die Wehen ein und...«

»Hast du mir schon mal erzählt! Ich wollte eigentlich nur schnell sagen, daß meine Nachbarin, eine ganz bescheidene Frau übrigens, die vor Jahren bereits den Friedenspreis der...«

»Apropos Preis, weißt du schon, daß Püppi den ersten Preis im Kinderskirennen gemacht hat? In diesem Jahr konnte sie ja leider nicht mitmachen, weil sie sich das Füßchen verletzt hat, ein Autounfall, glaube ich. Aber im Elisabethkrankenhaus ist sie ja hervorragend aufgehoben. Kennst du übrigens Doktor Willmann? Ein zauberhafter Mann. Wenn du deine Nachbarin vielleicht mal besuchen gehst und ihn siehst, herzliche Grüße von mir. Und gute Besserung!«

»Meine Nachbarin ist doch in Berlin...«

»In Berlin? Warum bist du denn nicht einfach mitgefahren? Berlin ist sooo entzückend, gerade jetzt im Herbst, allein das Kulturangebot... also wenn *mir* jemand den Vorschlag machte, mit nach Berlin zu fahren... Mizzi? Hallo... Mizzi!!!

Du, Monika, komm doch mal her, das klingt, als ob bei der Mizzi jemand 'n Schreikrampf hat!«

Vielleicht ist er schwul

Ich war froh, Karl-Heinz endlich losgeworden zu sein!

Seine Art, sich in mein Leben, meine Wohnung und meine Gedanken einzuschleichen, stur wiederzukäuen, was er einmal gespeichert hatte, und sich zu weigern, unsere gestörte Beziehung endlich auszudiskutieren, war unerträglich geworden. Außerdem war er zu raumverdrängend, breitete sich über Gebühr aus und beanspruchte unverhältnismäßig viel Platz für sich. Und seinen Freund Hans, der sich das Recht nahm, ungebeten aufzutauchen, um sich mit Karl-Heinz in Männergesprächen zu ergehen, die die ganze Nacht dauerten und von denen ich ausgeschlossen war, hatte ich noch nie leiden können.

»Du bist einfach nicht attraktiv genug, als daß ich bereit wäre, deine Sperenzchen länger zu ertragen«, teilte ich Karl-Heinz eines Tages schonungslos mit und witschte ihm lieblos eins mit dem Staubtuch über. »Und damit du es weißt, du paßt nicht zu mir, und neben meinem kostbaren Biedermeiersofa siehst du einfach idiotisch aus.«

An einem wunderschönen Tag Anfang Mai verliebte Annemarie sich in ihn und war bereit, ihn mitsamt seiner Macken zu übernehmen. Ich packte seine gesamte Ausstattung in mehrere Kartons, warf zwei gewichtige Ratgeber, die unserer Beziehung leider auch nicht mehr genutzt hatten, in eine Plastiktüte und ließ ihn leichten Herzens ziehen. Dann sank ich glücklich-erschöpft auf mein Sofa, faltete die Hände über dem Bauch und murmelte: »Endlich allein!«

Doch der Mensch vergißt schnell! Bereits ein paar Wochen danach erlag ich einer neuen Versuchung...

Mein nächster kam aus einer guten, alten Familie.

»Oh, ein Sproß der Sowieso«, murmelten meine Freunde ergriffen, als ich seinen Namen nannte. »Ältester Adel, weltweit bekannt. Nicht ganz anspruchslos, aber von Rasse!«

Nun hatte sich die Rasse durch all die Generationen hindurch leider nicht ganz erhalten können. Mein Neuer war, ebenso wie Karl-Heinz, eher robust gebaut, einem Ackergaul ähnlicher als einem Rennpferd, und erwartete (auch hier glich er seinem Vorgänger aufs Haar), ausschließlich seiner inneren Werte wegen geliebt zu werden. Dennoch hatte er etwas sehr Männliches in seiner Ausstrahlung, zumindest wenn man ihn im Rausch der ersten Verliebtheit betrachtete. Ich nannte ihn anfangs »Jacky-Schatz«, dann »Jack«, später, als es zu Spannungen kam, »Nervensäge« und »Lady-Killer« und ließ mich zur Zeit der ersten Beziehungskrise gar zu »Alter Mistbock« hinreißen.

Frisch Verliebte sind immer mit Blindheit geschlagen! Mit jener rosa Brille auf der Nase, die die Vorzüge des anderen grotesk vergrößert und die Fehler ins Unsichtbare schrumpfen läßt, taumeln sie dahin, bis sie eines Tages unsanft erwachen, weil sie wieder einmal auf die Schnauze gefallen sind.

Auch ich erwachte zu gegebener Zeit und gab mich der großen Verwunderung hin. Wie hatte ich nur darüber hinwegsehen können, daß Jack in den allermeisten Punkten seinem Vorgänger Karl-Heinz aufs Haar glich? Wie er gebärdete er sich äußerst raumverdrängend, wie er fraß er, was immer ich ihm vorsetzte, kommentarlos in sich hinein, wie er bildete er einen unschönen Kontrast zu meinem Biedermeiersofa – und wie er genoß er eher die Zweisamkeit mit einem Mann als die Zweisamkeit mit mir. Schlimmer, er machte mir meinen langjährigen Freund Fritz abspenstig, der, als er mich besuchen wollte, bei Jackys Anblick begehrliche Augen bekam und lüstern auf ihn zueilte.

»Oh... ein echter Sowieso!« flüsterte Fritz und näherte sich Jacky voller Hingabe, um im abgedunkelten Raum eine lange Nacht mit ihm zu verbringen. Jedoch war ich diesmal nicht vollends ausgeschlossen: Ich durfte still auf meinem Sofa sitzen und zuschauen.

»Wie geht's Jacky«, fragte Annemarie, die eines Tages anrief, um sich nach meiner neuen Beziehung zu erkundigen.

»Der erste Rausch ist vorbei«, sagte ich deprimiert. »Zur Zeit fällt er mir entsetzlich auf den Wecker!«

»Du mußt ihn nur richtig füttern, dann spurt er auch«, sagte Annemarie, die auch sonst mit blöden Ratschlägen nicht spart. »Mach's wie ich, investiere viel Geduld und viel Liebe, sieh über seine kleinen Macken hinweg, und, was das Wichtigste ist, bring genügend Interesse für das auf, was in ihm vorgeht. Karl-Heinz und ich sind übrigens sehr glücklich miteinander«, fügte sie hämisch hinzu, »allerdings habe ich mir unser Glück auch intensiv erarbeitet!«

»Gratuliere, daß du dich mit meinem Ex so blendend verstehst«, sagte ich pampig und warf den Hörer auf die Gabel.

»Du solltest dich tiefer auf die Beziehung einlassen«, riet mir auch Fritz, der sich zu einem echten Freak entwickelt hatte und neuerdings auffallend häufig kam, getrieben von dem tiefen Begehren, Jacky auch noch die letzten Geheimnisse zu entlocken. »Du willst, daß er dein Leben teilt, immer für dich da ist und dir den größten Teil deiner Arbeit abnimmt, ja, daß er dich ernährt!«

»Er wird immer sturer«, beklagte ich mich, »und weigert sich, auch nur ein bißchen auf mich einzugehen.«

Fritz ergriff sofort Jackys Partei.

»Hast du dich denn mal gefragt, was *du* für *ihn* tust, und dich jemals wirklich für ihn interessiert? Weißt du, was in ihm vorgeht und zu welcher Leistung er imstande wäre, wenn er nur das Glück gehabt hätte, den richtigen Partner zu finden?«

»Oder die richtige PartnerIn«, sagte ich spitz.

»Frauen sind nicht geeignet, diese hochspezielle Intelligenz auch nur ansatzweise zu würdigen«, sagte Fritz schonungslos und beleidigte mich zutiefst, obwohl ich heimlich zugeben mußte, daß er in allen Punkten recht hatte.

»Außerdem solltest du ihn besser pflegen«, fügte Fritz hinzu und strich liebevoll über Jackys Visage, um mir die Hand anschließend vorwurfsvoll unter die Nase zu halten.

»Schau her, alles Staub!«

»Wir küssen uns nur noch selten«, sagte ich sarkastisch.

»Kein Wunder!« antwortete Fritz. »Und wenn ich dir mal ganz schonungslos was sagen darf: Ihr paßt einfach nicht zusammen!«

»Vielleicht ist er schwul«, gab ich zu bedenken und betrachtete Jacky mit bitterem Argwohn, denn das eine war unverkennbar: In

Fritz' Gegenwart gewann mein Lebenskamerad enorm an Ausstrahlung.

In den folgenden Tagen schlich ich nachdenklich umher.

»Ihr paßt nicht zusammen!« Anders ausgedrückt: Ich war Jackys nicht würdig. Eine bittere Pille, ich würgte mehrere Tage daran. Wie sollte ich vor meiner Umwelt und mir selbst vertreten, daß eine erneute Trennung unmittelbar bevorstand? Aber ich konnte es nicht verhindern. Nach dem anfänglichen Rausch, der den Beginn jeder Affäre begleitet (»Was war ich früher ohne dich«; »Mit dir beginnt ein neues Leben«), wurde ich von Tag zu Tag unduldsamer. Ich bombardierte meinen Lebenskameraden mit aggressiven Blicken. Denn »beste Familie« hin, »alter Adel« her: Jacky war mir nicht attraktiv genug. Schlimmer: Er war plump und häßlich, und seine großen inneren Werte lagen so versteckt und hinter einer so abstoßenden Fassade verborgen, daß ich einfach jegliche Lust verlor, weiterhin danach zu graben.

Dennoch, und das war das Irritierende, begann sich eine Art Haßliebe zu entwickeln, denn bei dem Gedanken, ganz »ohne« leben zu müssen, erschrak ich zutiefst. »Vielleicht«, dachte ich, »mache ich noch einen dritten, einen letzten Versuch, denn es muß doch, verdammt noch mal, irgendwo auf dieser Welt einen Typ geben, der wirklich zu mir paßt.«

Reni zum Beispiel hat jetzt einen, der mir gefallen könnte. Es ist ein echter Softi, sensibel im Umgang, leichter zu durchschauen, dialogfähig und nicht so anmaßend raumverdrängend. Ich ertappte mich dabei, daß ich ihm, als ich Reni kürzlich besuchte, verliebte Blicke zuwarf und mit Verbitterung an jenen Typ dachte, der mir zu Hause den Spaß am Leben verdarb. Ich dachte kurz an Partnertausch, verwarf die Idee jedoch sofort. Reni würde sich von ihrem Softi bestimmt nicht trennen.

»Wo hast du ihn gefunden?« fragte ich sie und schluckte kräftig an aufkommendem Neid.

»Ich hab ihn von Linda«, sagte Reni leichthin. »Er soll bei ihr zweimal total ausgerastet und einmal sogar explodiert sein, jetzt hat sie erst mal die Schnauze voll!«

»Und wie wird sie mit dem Alleinleben fertig?« fragte ich, da mich ein ähnliches Schicksal erwartete.

»Sie hat eine Therapie begonnen«, sagte Reni, »und will jetzt erst mal zu sich selbst kommen, ehe sie sich wieder auf eine Beziehung einläßt. Ich besuche übrigens auch einen Kurs: Dein PC und du, lebendige Partnerschaft in 720 Schritten. – Aber wie geht's denn *euch*?« fügte sie hinzu.

»Krise!« sagte ich mutlos. »Jegliche Kommunikation zwischen uns hat aufgehört, jeder mufft in seiner Ecke vor sich hin!«

»Kenn ich«, sagte Reni. »So war's mit meinem Letzten zum Schluß auch. Deshalb arbeite ich ja jetzt so intensiv an der neuen Beziehung, damit's mir nicht noch mal passiert!«

Nachdenklich ging ich nach Hause, fest entschlossen, mich von Jacky zu trennen und mir die Fähigkeit zu einer neuen Partnerschaft ebenfalls Schritt für Schritt zu erarbeiten.

Denn das Leben als Single ist nicht ungefährlich. Laut Statistik sollen sie eher sterben...

Minderheiten

Die Minderheit als solche
existiert nicht mehr.
Wir sind insgesamt ein Volk
von Minderheiten.
Max, Soziologiestudent

Kein Tiger in Sicht

Lena hat beschlossen, ihre Wohnung im Herzen der Stadt aufzugeben, denn vor einem Vierteljahr hat sie Henry kennengelernt, und Henry liebt das Stadtleben nicht. Zwar betreibt auch Henry seinen Job inmitten der City, aber das Wochenende möchte er gemütlich im Grünen verbringen, also erklärt sich Lena bereit, nicht nur ins Grüne zu ziehen, sondern selbiges auch zu pflegen.

Denn Lena ist vierunddreißig und somit hart an jener Schallgrenze, an der eine Frau, wie wir alle schaudernd vernommen haben, eher von einem Tiger gefressen wird, als daß sie noch die Chance hätte, einen Mann zu finden. Und der letzte Tiger, den Lena gesehen hat, ist jenes altersschwache Tier gewesen, welches sie anläßlich ihres sechsten Geburtstages im Zoo besichtigen durfte. Lena ist sich also sehr wohl bewußt, daß sie diese allerletzte Möglichkeit, noch an den Mann zu kommen, nutzen muß, ehe sie anfängt zu modern.

Lena gibt ihren Job beherzt für Henry auf, um sich statt dessen der Pflege von Haus, Garten und Beziehung zu widmen, denn Lena hat gelernt, daß der Mann nicht nur die Pflege jeglicher Häuslichkeit, sondern auch die Pflege menschlicher Beziehungen ablehnt und beides bald Schimmel ansetzt, wenn frau es nicht an seiner Stelle tut.

Während Lena die Beziehung zu Henry pflegt, pflegt dieser sein Verhältnis zu Uschimaus, die er sich in der Stadt hält und die jenes Hemd, das Lena sorgsam gebügelt hat, verknüllen darf, weil sie sich im Gegensatz zu Lena noch nicht mit Mühe an jenen weit zurückliegenden Tag erinnern muß, an welchem sie ihren letzten Tiger gesehen hat. Denn Uschi hat den Tiger im Tanga, und wenn hier jemand gefressen wird, dann ist es Henry, der sich jedoch Gefahren dieser Größenordnung mit freudiger Erregung stellt (was ihm bei Uschimaus so prickelnd leichtfällt).

Während also Henry und Uschi in Uschis Apartment den Tiger kitzeln, liegt Lena im Reihenhaus vor dem Fernseher und bemüht sich, den Gedanken zu verdrängen, daß städtische Angestellte in den allerseltensten Fällen bis vier Uhr morgens Überstunden machen und daß es nun schon zum drittenmal passiert, daß Henry das ganze Wochenende über wegbleibt, weil die Polizei seinen Wagen abgeschleppt hat, was Polizisten netterweise besonders gern in Freitagnächten tun. Wenn Lena das einsame Warten schließlich nicht mehr aushält und ihr die Tränen über das Gesicht rollen, wobei sie nicht mal weiß, warum eigentlich, denn schließlich gehört sie zu jenen 0,5 Prozent von Frauen über Dreißig, die noch einen Mann gefunden haben, dann ruft sie ihre Freundin Luitgard an.

Luitgard ist Therapeutin und gewohnt, Verwirrungen auf den Punkt zu bringen.

»Willst du die Beziehung zu Henry, ja oder nein?«

»Ja«, sagt Lena mit zitternder Stimme.

»Dann gib dir Mühe und pflege sie und denke daran, daß du, wenn du auch nur eine Sekunde lang schlappmachst, schon morgen zu jenen 99,5 Prozent von Frauen gehören wirst, die...«

»Ich weiß«, sagt Lena rasch. »Und danke, daß du mir den Kopf zurechtgerückt hast.«

»Ich schick dir nächste Woche noch mal ein Rezept«, sagt Luitgard. »Denn lieber ein paar Tabletten als...«

»Klar!« sagt Lena. »Danke!«

»Und wenn mal wieder was ist, dann ruf mich um Himmels willen an, ehe du Streit mit Henry anfängst und Dinge sagst, die du später ein Leben lang bereuen würdest!«

»Mach ich«, schluchzt Lena und legt auf.

Lenas frei gewordene Wohnung wird von Jost bezogen, einem ehemaligen Kollegen, der vor einigen Wochen von seiner Frau vor die Tür gesetzt worden ist und seitdem, wie Lena noch vor ihrem Auszug ihrer Nachbarin Eva mitgeteilt hat, etwas durchhängt. Und ehe Josts Frau, eine alte Schachtel von neununddreißig Jahren, merkt, daß der einzige Tiger der Stadt hinter dreifach gesicherten Gittern sitzt, heißt es zuzugreifen.

»Lade ihn ein, mach es ihm gemütlich, koch etwas Gutes und sorge für Kerzenlicht, damit man das Fältchen unter deinem linken Auge nicht sieht... und dann halt ihn fest. Denn Männer, die frau mitten in der Nacht vor die Tür gesetzt hat und die weder imstande sind, sich ein Hemd zu bügeln noch ein Spiegelei zu braten, sind in der Regel so fertig, daß sie bereit sind, gewisse Mängel zu übersehen. Das Beste wird sein, ihn so ein bißchen zu bemuttern.«

»Bemuttern... ich bin dreiunddreißig«, sagt Eva und schüttelt empört ihre hüftlangen roten Locken.

»Eben!« sagt Lena. »Du näherst dich jener Schallgrenze, wo die Frau gewöhnlich unsichtbar wird und sogar ein uralter Tiger, der nur noch auf drei Beinen herumlahmt, gähnend über sie hinwegglotzt.«

Jost scheint tatsächlich bereit zu sein, den Makel der Vergreisung, der Eva verunstaltet, zu ignorieren, denn nur so ist es zu erklären, daß er bereits drei Tage nach seinem Einzug bei Eva vorspricht, ohne erst groß auf eine Einladung zu warten.

Jost hat nämlich die Erfahrung gemacht, daß Frauen mit der Tigerpanik im Genick Tür und Bluse zu jeglicher Zeit und japsend vor Erleichterung öffnen.

Eva trägt an diesem Abend einen flaschengrünen Hausanzug aus Chenille, der ihre makellose Figur sanft umspielt, und hat sich soeben das Haar gewaschen, so daß es ihr knisternd und duftend über die Schultern fällt.

Jost seinerseits hat sich nicht die Mühe gemacht, zwischen Büro und dem Besuch bei Eva eine kleine Erfrischungspause im heimischen Bad einzulegen, um sich beispielsweise die Hände zu waschen und die fettigen Nackenkringel zu kämmen. Er kommt direkt aus dem Büro, trägt links den schwarzen Aktenkoffer und rechts ein Bündel rosa Nelken, die ebenso schlapp und muffig wirken wie er.

Aber er schiebt einen imposanten Bauch vor sich her, der Männern jene Würde verleiht, nach der Frauen sich verzehren, er hat die hohe Stirn der Denker, welche ihm fast bis in den Nacken reicht, tiefe Furchen rechts und links der Mundwinkel zeugen von Charakter, und das verschwitzte Hemd mit den ausgefransten Manschetten ist ein sicheres Zeichen seines ausgeprägten Intellekts.

Im ganzen hat er etwas rührend Vernachlässigtes – würden Frauen sagen, denen die Gewißheit, daß Tiger seit langem auf der Liste der vom Aussterben bedrohten Tierarten stehen, die Gurgel zudrückt. Im Gegensatz zu diesen Frauen hat Eva neben dem Makel ihrer galoppierenden Vergreisung noch einen weiteren, welcher bereits auf die Erweichung des Gehirns schließen läßt: Eva merkt nämlich nicht, daß sie uralt und somit geschlechtslos ist, schlimmer, sie findet sich mit ihrer guten Figur, dem faltenfreien Teint und den vollzählig vorhandenen roten Haaren ausgesprochen attraktiv. Zudem verfügt sie über Geist und Humor, verdient gut und kann zusätzlich Eier braten und Blusen bügeln, ohne daß die ganze Bude in die Luft fliegt.

Eva, in besorgniserregender Selbstüberschätzung gefangen, würde sich durchaus 85 von 100 möglichen Punkten geben und hat einfach nicht begriffen, daß sie megaout ist und in ihrer Freizeit allenfalls noch im Park Enten füttern kann, denen es gottlob (noch!) egal ist, wie alt die Hand ist, die die Bröckchen wirft.

Jost ist gut zwanzig Jahre älter als Eva, was, wie wir alle wissen, bei einem Mann nur von Vorteil ist, und Eva nimmt ihm mit leisem Ekel die schlappen Nelken ab, wobei ihr kalter Zigarrenrauch aus seinem mausigen Jackett und Knoblauchdunst aus seiner Mundhöhle entgegenschlagen. Anläßlich der Nelkenübergabe vollziehen ihre Fingerspitzen eine flüchtige Berührung, womit Eva die Möglichkeiten der körperlichen Kontaktaufnahme als erschöpft betrachtet. Jost merkt nichts davon. Händereibend tritt er ein und blickt sich feixend um.

»Schön haben Sie es hier!«

Ja, ein Glas Wein nimmt er gerne.

Und wenn Eva vielleicht eine Kleinigkeit zu essen hätte, er kommt direkt aus dem Büro.

Wenig später sitzt Eva ihm gegenüber und darf zusehen, wie er schmatzend frißt und sich kleine Schweißtröpfchen auf seiner Glatze sammeln. Dazu erzählt er ungefragt Details aus seinem Leben. Seine Frau Jutta hat ihn nach zwanzigjähriger Ehe auf die Straße gesetzt, umgebracht hätte sie ihn, wenn er es gewagt hätte, noch einmal zurückzukommen, um beispielsweise seine Eisenbahn zu holen, die nun, wie alle anderen wichtigen Dinge, den Bach runter ist. Dabei, und das ist das Fatale, weiß Jost bis heute nicht, warum ihn seine Frau so sehr gehaßt hat. In seinen Augen war die Ehe durchaus in Ordnung, nun ja, die Frau war mit den Jahren halt hysterisch geworden, »wie die meisten«, eine Erklärung, die Jost vollauf zufriedenstellt.

Nach der ersten Flasche trinkt Jost beherzt die zweite, wobei ihn sein Wohlbefinden und das Vertrauen, das er schon jetzt in Eva setzt, zutraulich werden lassen. Jutta war, wie er ihr mit gesenkter Stimme mitteilt, im Grunde nie so richtig sein Typ. Blond und blauäugig, sportlich-schlank. Josts Typ ist aber ehrlich gesagt mehr das blutjunge Thaimädchen, schwarzhaarig, mandeläugig, biegsam und unter sechzehn.

Nachdem er auch die zweite Flasche bis auf den letzten Tropfen geleert hat, ist er benebelt genug, die peinliche Tatsache, daß Eva weder unter sechzehn noch thailändisch ist, zu verdrängen. Bloß: schnell muß es sein, ehe wichtige Organe die Tatsache, daß sie hier so quasi gezwungen werden, eine Leichenschändung zu begehen, registrieren und sich verschreckt zurückziehen.

Jost erhebt sich leise schwankend und versucht Eva auf das Sofa zu schubsen. Eva schießt der Gedanke durch den Kopf, daß vom Tiger gefressen zu werden so grausam am Ende gar nicht ist, wie man immer denkt, und stemmt sich, den Blick fest auf seine blutunterlaufenen Augen gerichtet, gegen das übelriechende Jakkett.

Jost läßt sofort von ihr ab.

Er setzt sich wieder auf seinen alten Platz und läßt sich mit einem weiteren Glas beleidigend rasch trösten.

Nachdenklich schweigend unterzieht er Eva einer eingehenden Musterung.

»Du siehst aber doch noch ganz gut aus«, stellt er schließlich fest, »aber du magst mich nicht!« Dann erhellen sich Geist und Miene, denn er hat den tieferen Grund für Evas merkwürdige Ablehnung seiner Person gefunden.

»Gib's zu, du magst überhaupt keine Männer!«

»Natürlich mag ich Männer«, sagt Eva und lächelt ihr reizendes Lächeln mit zweiunddreißig vollkommen intakten Zähnen.

»Vor allem, wenn sie jung, hübsch, gut gebaut und sehr attraktiv sind. Und wenn sie dichtes schwarzes Haar haben, möglichst gelockt. So ein Typ macht mich unheimlich an«, fügt sie mit gesenkter Stimme hinzu und zwinkert Jost vertraulich zu.

Eine Woche später erhält Eva einen empörten Anruf von Lena. Lena bedauert, in Sachen Jost an falscher Stelle vermittelt zu haben, und läßt durchblicken, daß Eva einen Kandidaten wie ihn einfach nicht verdient habe. Diesbezüglich wird sie nie wieder etwas für Eva tun.

»Du wirst das Ganze noch bereuen«, macht sie Eva schonungslos klar, »schließlich ist Jost erst achtundfünfzig, nicht vorbestraft und relativ gesund. Außer dem Unterhalt für seine Frau und die drei Kinder belasten ihn keine finanziellen Verpflichtungen, du hättest also nicht mal für ihn sorgen müssen, und besonders anspruchsvoll ist er auch nicht. Er hat mir gesagt, daß ihn dein Alter an sich nicht gestört habe. Wahrscheinlich war er der Letzte, der bei dir angeklingelt hat!« setzt sie mit Grabesstimme hinzu.

»Hoffentlich«, denkt Eva.

Bereits wenige Tage später sieht sie Jost dann wieder. Während sie allein in ihrem Lieblingslokal sitzt, teilt sich Jost seinen Tisch mit einer höchst attraktiven Frau, die Eva schon mal irgendwo gesehen hat. Richtig, es ist Birte, die Chefdirektrice von »Chic«, dem ersten Modehaus am Platz. Birte, gewohnt, daß alles auf ihr Kommando hört, hat sich in ein schmeichelndes Schmusekätzchen verwandelt, das hingebungsvoll an Josts Lippen hängt und sich weder an seinem verschwitzten Hemd noch an dem mausigen Jakkett zu stören scheint. Allerdings, stellt Eva mit einem Blick durch die Brille fest, ist sie mindestens vierunddreißig, wenn nicht gar fünfunddreißig. Selbst sechsunddreißig wäre bei weniger schmeichelhafter Beleuchtung denkbar.

Auf dem Weg zum Waschraum, der an Josts Tisch vorbeiführt, hört Eva mit halbem Ohr, wie Jost Birte seine Vorliebe für schwarzhaarige Thaimädchen gesteht. Später lädt die schöne Birte den zerknitterten Jost dann – zum Dank für das ihr erwiesene Vertrauen und als Abbitte dafür, selbst weder vierzehnjährig noch thailändisch zu sein – zum Essen ein, eine Geste, die Jost mit einem halben Lächeln quittiert. Jost ist nämlich ein moderner Mann, der die Emanzipation der Frau voll und ganz bejaht.

An diesem Abend wird Eva schlagartig klar, wieso Jost ihre jubelnde Stimmung zu jeglicher Kontaktaufnahme einfach voraussetzen *mußte*. Denn solange es Frauen wie Birte und Lena gibt, werden Männer wie Jost sich ungeniert vermehren.

»Das ganze Problem läßt sich im Grunde auf einen einzigen Punkt bringen«, denkt Eva und blick resigniert auf die regennasse Straße hinaus, die wie ausgestorben daliegt, »es gibt einfach viel zu wenig Tiger!«

Mann zu mieten gesucht

Franz und ich besitzen unsere Führerscheine seit gut zwanzig Jahren.

Franz baute in dieser Zeit mehrere Unfälle, bekam Anzeigen wegen »Drängeln auf der Autobahn« und ging monatelang zu Fuß, weil ihm der Führerschein entzogen worden war.

Ich hatte ein einziges Mal einen kleinen Blechschaden am linken Kotflügel, was Franz zu der hämischen Bemerkung veranlaßte, daß er noch nie eine Frau getroffen habe, die imstande gewesen sei, eine Garageneinfahrt unfallfrei zu meistern.

Denn Franz ist im Gegensatz zu mir ein ernstzunehmender Kraftfahrer, der mir eine Menge voraus hat, und zwar aus dem einfachen Grunde, weil er imstande ist, eine Kfz-Werkstatt zu betreten, ohne daß ihm vor Aufregung der Schweiß ausbricht.

Franz benimmt sich den Göttern im ölverschmierten Drillich gegenüber wie ein Mann, der (»Aber bitte bis morgen!«) eine Dienstleistung verlangt und diese (»Selbstverständlich!«) auch bekommt. Ich dagegen beginne beim Betreten einer Autowerkstatt zu schrumpfen, bis ich von einer Dreijährigen, »die nicht weiß, warum das doofe Auto beim Anfahren immer so stottert«, kaum noch zu unterscheiden bin. Und zweimal ist es mir bereits passiert, daß ich beim Hervorkramen der benötigten Papiere so nervös wurde, daß ich versehentlich anstelle der Zulassung ein Foto von Franz abgab. Aus diesem Grunde und weil mich mein verschüchterter Auftritt in Werkstätten stets verdammt teuer zu stehen kam, hatten Franz und ich schließlich ein Arrangement getroffen: Ich kochte jeden Tag für ihn, und er brachte dafür einmal im Jahr mein Auto zur Werkstatt, ein Arrangement, welches mich vollauf zufriedenstellte. Doch dann zog ich in eine andere Stadt und mußte mich von Franz trennen, und während Franz innerhalb von drei Tagen eine Frau gefunden hatte, die bereit war, täglich für ihn zu kochen, blieb ich mit meinen Werkstattproblemen allein.

Der Umzug an sich war schnell vonstatten gegangen, und für die

Ummeldung des Wagens hatte ich drei Monate Zeit. Zeit, die ich nutzte, um Männerbekanntschaften zu machen, beseelt von der Hoffnung auf eine neue »Kochen-gegen-Werkstattbesuche-Liaison«, aber alle Männer, die ich traf, aßen entweder auswärts oder hatten dieses Problem längst durch »Mäuschen« oder »Mikrowelle« gelöst. In der letzten Woche vor Ablauf der Frist wandte ich mich an meine ebenfalls neu eingezogene Nachbarin, die mir einmal gestanden hatte, daß ihr bei Werkstattbesuchen dermaßen die Hände zitterten, daß es ihr fast unmöglich sei, die Zündung ihres Wagens zu betätigen, solange ihr ein feixender Typ mit Schraubenschlüssel in der Brusttasche dabei zusah.

Ich fragte sie mit gedämpfter Stimme, »ob sie schon hätte«. Gerti verstand auch sofort, was ich meinte, und sagte, ja, »sie hätte schon«, so ganz schlimm sei's nicht gewesen, aber vier bis fünf Stunden müsse man des Andranges wegen schon investieren. Zudem sei es ihr nicht gelungen, die verrosteten Schrauben an den alten Schildern zu lösen, und der aus einem muffig-maulfaulen jungen Mann bestehende »Service« habe sie erst eine Stunde rumstehen lassen und dann einen saftigen Preis verlangt.

»An Ihrer Stelle würde ich das Ganze von der Werkstatt Elch, hier um die Ecke, erledigen lassen«, sagte sie. »Ich hab von einem Kollegen gehört, daß die das für siebzig Mark machen, und Sie sparen sich eine Menge Aufwand und Ärger.«

Ein guter Tip!

Am nächsten Tag nahm ich allen Mut zusammen, straffte die Schultern und begab mich zu Herrn Elch. Im Werkstattbüro wies auch ganz richtig ein überdimensionales Schild auf die Serviceleistungen hin.

»Elch-Extra, preiswert und schnell: Auto-An- und -Ummeldung/TÜV! Elch, die Werkstatt Ihres Vertrauens!«

Um eine halbwegs normale Stimmlage bemüht, trug ich Herrn Elch meinen Wunsch vor.

Ob er, vielleicht gleich morgen, meinen Wagen ummelden lassen könne.

Herr Elch musterte mich ausdruckslos.

»Morgen geht nicht«, sagte er dann.

»Vielleicht übermorgen?«

»Übermorgen geht auch nicht«, sagte er.

»Ja, dann halt am Ende der Woche?«

»Diese Woche geht's überhaupt nicht mehr!« sagte Herr Elch.

»Nun, wann ginge es denn?« fragte ich, wobei mir klarwurde, daß sich Herr Elch in nichts von den anderen Hoheiten, welche in ihren verdreckten Werkstätten hofhalten, unterschied.

»Bei uns geht's nur dienstags!« sagte Herr Elch. »Dann macht das mein Azubi, das wird billiger!«

»Was würde es denn kosten?« fragte ich listig, in der irrigen Hoffnung, Herrn Elch festlegen und den Betrug, den er sicher schon bei meinem zittrigen Eintritt in sein Reich geplant hatte, verhindern zu können.

»Siebzig Mark!«

Nun, er schien ehrlicher zu sein, als ich gedacht hatte.

»Geht klar«, sagte ich so markig wie möglich. »Ich bring Ihnen den Wagen dann am Montagabend. Was muß ich sonst noch mitbringen?«

»Na, die Papiere natürlich«, sagte Herr Elch und wandte mir zum Zeichen, daß er hier nicht länger kostbare Zeit zu verplempern hatte, den Rücken zu.

Unzufrieden ging ich nach Hause.

Verdammt noch mal, ich war über vierzig Jahre alt. Seit zwanzig Jahren fuhr ich unfallfrei Auto. Ich fürchtete weder großstädtischen Berufsverkehr noch Alpenpässe bei Schnee und Nebel. Zwölfstöckige Parkhäuser fuhr ich lässig rauf und runter, und eine Lücke mochte noch so klein sein, irgendwie gelang es mir doch, meinen Wagen hineinzuquetschen. Ich mußte es einfach allmählich schaffen, eine Autowerkstatt mit jener selbstbewußten Würde zu betreten, die einer exzellenten Autofahrerin geziemt. Im Zuge meiner Emanzipation rief ich die Zulassungsstelle an, um mich zu erkundigen, was alles man zum Zwecke einer Autoummeldung mitbringen müsse.

Der Typ am anderen Ende der Leitung gab sich leutselig.

»Ja, die alten Schilder (höhöhö), Zulassung, Personalausweis und Geld! Es ist ja nicht umsonst, junge Frau.«

»Hab's mir fast gedacht, höhöhö«, gab ich lässig zurück. »Was wird der Spaß denn kosten?«

»Neunzig Mark!«

Wie verabredet brachte ich den Wagen am Montagabend zu Herrn Elch. Er warf einen kurzen Blick auf die mitgebrachten Papiere, nickte zustimmend und grinste breit.

Ich grinste zurück.

Zufrieden, eine schwierige Sache elegant gemeistert zu haben, schlenderte ich durch die laue Abendluft nach Hause.

Am Dienstagmorgen weckte mich um sieben Uhr das Telefon: Herr Elch!

Ja, sein Azubi hätte nun gerade losfahren wollen, aber die Bescheinigung der ASU-Prüfung sei nicht da!

Ich sagte, die ASU-Plakette sei erstens aufgeklebt, und zweitens benötige ein Auto den entsprechenden Test erstmalig nach drei Jahren, der Wagen sei aber erst zwei Jahre alt.

»Darauf kommt es nicht an«, sagte Herr Elch. »Schließlich kann man den Wagen schlecht mit an den Schalter nehmen, damit sie sich die Plakette begucken können. Ich brauche die Bescheinigung!«

»Ich habe keine Bescheinigung!«

»Ja, manchmal wird die bei Neuzulassungen einfach vergessen!« gab Herr Elch zu. »Sie müßten sie halt bei Ihrem Händler anfordern, was natürlich 'ne Woche dauern kann, oder ich mach Ihnen schnell noch mal einen Test und stell Ihnen die Bescheinigung dann aus.«

»Kostet?« fragte ich.

»Dreißig Mark!«

»Bitte!« sagte ich, wobei mich das Gefühl beschlich, das Spiel mal wieder zu verlieren.

»Ja, bloß heute klappt's dann natürlich nicht mehr mit der Ummeldung, die haben ja nur bis Mittag auf. Und morgen ist Mittwoch!«

Ich schwieg. Hier hatte außer Herrn Elch niemand mehr etwas zu sagen. Der legte eine gedankenschwere Pause ein.

»Ja gut, ich werde dann halt morgen früh selbst fahren, mein Azubi fährt ja nur dienstags!« erinnerte er mich an die Bräuche in seiner Werkstatt.

»Wird natürlich teurer!« drohte er vorsichtshalber an.
»Okay«, sagte ich und legte auf.

Am nächsten Morgen, sieben Uhr, Telefon: Herr Elch!

Ja also den ASU-Test habe er durchgeführt, die Bescheinigung ausgestellt, und jetzt könne er eigentlich losfahren, aber die Versicherungsdoppelkarte sei nicht da.

Ich kühlte mir den Puls, versank in autogenem Training (Meine-Nerven-sind-stark-wie-Stahl-stark-wie-Stahl-stark-wie-Stahl) und suchte dann die Doppelkarte. Ich suchte sie mehrere Stunden vergeblich.

Schließlich rief ich Fräulein Brick, die Sachbearbeiterin meiner Versicherung, an.

»Machen Sie sich keine Sorgen, die Karte können Sie gar nicht finden«, teilte sie mir munteren Tones mit und biß geräuschvoll in einen Apfel. »Weil wir sie nämlich nie abgeschickt haben. Ist einfach verschlampt worden!« fügte sie gemütlich hinzu. »Wir schikken die Karte aber jetzt bestimmt gleich ab!«

Das ging nun wirklich flott. Schon drei Tage später erhielt ich sie. Inzwischen war wieder Montag.

Ich trug die Doppelkarte zu Herrn Elch und erinnerte ihn daran, daß morgen Dienstag sei, jener Tag, an dem sein Azubi...

»Mein Azubi ist krank!« fiel mir Herr Elch ins Wort. »Aber obwohl ich selbst gerade dienstags so gut wie nie fahre, werde ich das ausnahmsweise mal machen.« Er warf mir einen Blick zu. »Weil Sie mir inzwischen leid tun!«

Wie schön, endlich etwas Gemeinsames.

Die Trauer um mich selbst nahm Dienstagnachmittag rapide zu.

Herr Elch händigte mir mitsamt den verschiedenen Papieren, die ich im Laufe der vergangenen Woche einzeln in seine Werkstatt getragen hatte, eine Rechnung über dreihundertzehn Mark aus.

»Ja, Meisterstunden sind teuer«, sagte er. »Aber die Schilder sind da schon mit drin!«

Beruhigend zu wissen.

»An sich wär's ja noch teurer geworden«, sagte Herr Elch, während er mir das Wechselgeld in die Hand zählte, »denn als ich gerade fahren wollte, sah ich, daß mir die Idioten ein Schild mit F-UK gegeben hatten, und das wollten Sie doch sicher nicht, stimmt's?«

Ich lächelte schwach.

»Ja, da mußte ich mich noch mal anstellen, und das hat mich wieder 'ne Stunde gekostet. Im Grunde können Sie die Zeit gar nicht bezahlen, die ich im ganzen investieren mußte, bloß um Ihren Wagen umzumelden. Allein das Affentheater mit den fehlenden Papieren.«

Ich bedankte mich, daß er trotz des Theaters mit den Papieren, dem Ärger mit F-UK und dem Mehraufwand durch den ASU-Test meinen Auftrag letztendlich doch erledigt und mir nichts für das einwöchige Parken auf seinem Werkstatthof berechnet hatte.

Aber das hatte er vermutlich nur vergessen.

Beim Verlassen des Büros stieß ich mit einem Herrn im grauen Edelzwirn zusammen, der selbiges gerade betrat. Ohne erst groß zu grüßen, warf er Herrn Elch markig seinen Autoschlüssel zu. »Durchchecken! – Aber bis morgen!« fügte er drohend hinzu.

»Selbstverständlich!« sagte Herr Elch und deutete eine Verbeugung an.

Gestern habe ich nun endlich die Annonce aufgegeben:

»Alleinstehende Dame möchte befehlsgewohnten Mann zum gelegentlichen Gebrauch (Auftritt in Kfz-Werkstätten) mieten. Preis: Verhandlungssache.«

Irgendwie muß sich das Problem doch lösen lassen.

Der Cityhopser

»Daggi ist jetzt zum fünftenmal umgezogen«, sagt Maria (83) und lehnt sich mit indigniertem Kopfschütteln in jenem Empiresesselchen zurück, welches sie durch sämtliche Kriegswirren hindurch gerettet hat. Das Empiresesselchen steht seit vierundvierzig Jahren links im Erker der alten efeuumrankten Villa, und Maria käme niemals auf die Idee, es auch nur um ein einziges Zentimeterchen zu verrücken. Maria verrückt überhaupt nicht gern, denn: Wer viel verrückt, der ist verrückt oder steht im Begriff, es zu werden! Nach diesem Leitsatz hat sie immer gelebt und zeigt für die manische Veränderungswut der heutigen Jugend keinerlei Verständnis.

Die Villa, Maria gibt das seufzend zu, hätte längst renoviert werden müssen, aber nur weil Bad und Küche nicht auf dem letzten Stand sind, wird sie doch nicht gleich das ganze Haus aufgeben. Es ist halt der Nachteil dieses imposanten Gebäudes, daß das gesamte Dachgeschoß seit Jahrzehnten leer steht und die Heizkosten der ersten Etage mit ihren hochherrschaftlichen Zimmerfluchten die Rente fast auffressen.

Doch mit dem schwer erträglichen Zustand, einhundertzweiundsechzig Quadratmeter ganz allein bewohnen (und heizen) zu müssen, findet sich Maria seit Jahrzehnten tapfer ab. Sie macht halt das Beste aus der mißlichen Situation, indem sie den größten Teil der Räume bis zum Beginn der warmen Jahreszeit einfach abschließt und ihre Existenz vergißt. Maria flieht ihr Schicksal nicht, sondern nimmt es an: geduldig, standhaft und besonnen.

»Fürchterlich, diese Unruhe der Jugend heutzutage«, findet auch Winni (79), die ihrerseits eine hundertachtzig Quadratmeter große Altbauetage bewohnt. Winnis Mann ist vor zwanzig Jahren gestorben, das letzte ihrer drei Kinder kurz danach ausgezogen. Seitdem ist die Wohnung eigentlich zu groß für sie allein und nimmt zuweilen unheimliche Züge an, vor allem zur Stunde der Dämmerung, wenn in den vielen unbewohnten Räumen Schatten voller Erinnerungen lauern. Doch im Ertragen jeglicher Pein von

Kindheit an trainiert, nimmt auch Winni ihr Schicksal auf sich und erträgt klaglos die Qual langer Wege in der eigenen Behausung. Allein die Strecke: Küche–Fernsehsessel kostet sie im Schnitt acht Minuten und kann sich an Tagen, an denen der Ischias sie plagt, lästig verlängern. Dann kommt es vor, daß der schmale Dienstbotengang kein Ende nimmt und Winni in Höhe der einstigen Wäschekammer eine Pause einlegen muß, ehe sie ihre einsame Wanderung Richtung Salon fortsetzen kann. Aber würde sie deshalb gleich von Veränderungswut gepackt und die Wohnung aufgeben?

Kein Gedanke daran! Winni wird erst weichen, wenn man sie eines Tages hinausträgt, und keine Minute eher, denn diese gräßliche Triebhaftigkeit, der zufolge die junge Generation endlos den Standort wechselt, kennen Maria und Winni gottlob nicht. »Herumzigeunern«, nennt Maria das in der Sprache ihrer Generation, die zu jeglicher Zigeunerei schon immer ein eher distanziertes Verhältnis hatte, und ist sicher, daß Daggis Herumzigeunern noch ein schlimmes Ende nehmen wird.

Warum aber zigeunert Daggi (29) denn nun dauernd herum? Daggi zigeunert deshalb soviel herum, weil Damen wie Maria und Winni bereits einen einmaligen Umzug in fünfzig Jahren ablehnen und deshalb Dreietagenvillen und Siebenzimmerwohnungen auf ewig blockieren. Nicht, daß man es ihnen nicht gönnte, Wohnungen für sich allein zu beanspruchen, in denen fünf- bis siebenköpfige Familien genügend Platz für jegliche Entfaltung fänden. Daggi wurmt lediglich, daß ihr jenes Herumzigeunern, welches nicht zuletzt eine direkte Folge von Marias Standhaftigkeit ist, von eben dieser so übelgenommen wird. Anders als Maria vermutet, nämlich daß es reine Triebhaftigkeit ist, die Daggi ein so unstetes Leben führen läßt, käme Daggi durchaus gern mal zur Ruhe. Und würde Winni ihr die Altbauetage mit der großen Veranda und dem Blick auf die alten Alleenbäume zu jenem Preis überlassen, den sie selbst dafür zahlt, fände Daggis Lust am Herumzigeunern schlagartig ein Ende. Würde Maria ihre Abneigung, »fremdes Blut« in ihrem Haus zu dulden, überwinden und Daggi das leerstehende Dachgeschoß überlassen, würde Daggi sich leichten Herzens von ihren Umzugskartons trennen.

Aber da Winni nicht im Traum daran denkt auszuziehen und Maria keine Fremden im Haus erträgt, es sei denn, äußerste wirtschaftliche Not zwänge sie dazu, wird Daggi weiter herumzigeunern *müssen*, ob das nun Maria, Winni (und ihr selbst) paßt oder nicht, denn was auf dem freien Wohnungsmarkt für sie übriggeblieben ist, lädt selten zu längerem Verweilen.

Wie lebt Daggi ihre Triebhaftigkeit in Sachen Herumzigeunern nun aber eigentlich aus, wie ist sie zum selbsternannten »Cityhopser« geworden?

Ihre Karriere als »Cityhopser« begann mit einem Umzug in die Großstadt, nach – sagen wir – Frankfurt. Sie hat dort eine gute Stelle bekommen und hat überdies eine Freundin, die nicht nur in die Stadt, sondern auch in die Wohnung, welche sie bewohnt, hineingeboren worden ist, ein echtes Glückskind also. Sie bietet Daggi einen der vier zur Verfügung stehenden Räume als Übergang an, solange der Übergang nicht zur Gewohnheit ausartet, wie sie gleich warnend hinzufügt. Daggi müsse sich halt sofort nach etwas Passendem umsehen.

Daggi gibt sich am kommenden Wochenende auch gleich der einschlägigen Zeitungslektüre hin, telefoniert einen ganzen Tag lang und bekommt tatsächlich ein Angebot, wobei sich die feste Stellung bei einer angesehenen Firma und das gute Gehalt als Auslöser für die Einladung zum Besichtigungstermin erweisen. Es gebe da allerdings, das müsse man ihr fairerweise sagen, an die dreißig Mitbewerber. Am Montag dann rast Daggi zu der angegebenen Adresse, guckt sich in Panik und mit irrem Blick um und entscheidet sich, ohne lange zu fackeln. Ja, sie möchte die Wohnung mit allen Verpflichtungen, die dazugehören, mieten. Natürlich wird sie regelmäßig den Hof fegen, auf die zur Wohnung gehörende Garage verzichten, Versicherungen und Wartungsverträge jeder nur erdenklichen Art abschließen.

»Ja-ja-ja…!« Sie unterschreibt blind und ohne zu zögern, beseelt von dem alles beherrschenden Gedanken, sich die Wohnung zu *sichern*, ehe es ein anderer tut.

Hat Daggi dann Abstand und Kaution, Maklergebühr und das runde Sümmchen, das der Vorgänger für seinen fleckigen Teppichboden in Rechnung gestellt hat, überwiesen, atmet sie tief auf und geht mit Freunden einen trinken, nämlich auf jenen großen Erfolg, den es zu feiern gilt.

Dann zieht sie ein und stellt jetzt, beim ersten ungestörten Rundumblick, irritiert fest, daß sie den allerletzten Mist gemietet hat und der vorhandene Raum für den schönen neuen Schrank, den Lieblingssessel und das High-Tech-Regal leider nicht ausreicht. Daggi schiebt ihre Klamotten voller Frust mehrmals von rechts nach links, gibt schließlich auf, pinnt vielleicht noch *the frankfurter* an die Klotür und wirft ihre Kleider über zwei Stühle.

So bleibt's dann erst mal. Vielleicht stapelt sie noch die dreizehn nicht ausgepackten Kartons, nachdem sie zum x-tenmal darüber gefallen ist, irgendwann genervt zu einem Turm und sorgt dafür, daß Tele und CD-Player angeschlossen werden, aber das wär's dann auch.

Ohne rechte Überzeugung überweist sie für dieses »Wohnklo mit Musik« Monat für Monat tausend Mark, bis sie durch einen heißen Draht von einer tollen Bude hört: 1 ½ qm größer, Morgensonne und sogar Blick auf einen Baum. Die Panik des echten »Cityhopsers« beginnt: Zwanghaftes Hinrennen, irrer Rundumblick. *Sichern!!!* Vertrag unterschreiben. Anerkennen der Gebühren für Abstand, Kaution und Makler (»ja-ja-ja«), Übernahme eines dreibeinigen Tisches (»ja-ja-ja«), einziehen und feststellen, daß die Bude genau über einem Weinlokal liegt, tierisch laut ist und unerträglich nach Sauerkraut stinkt. Resigniert stapelt Daggi ihre Kartons zum Turm, schließt Tele und CD-Player an, pinnt *the frankfurter* an die Klotür und bezieht Quartier in jener Kneipe, die sie sich als Wohnzimmerersatz auserkoren hat.

Dort hört sie als erste vom Tod des alten Beckweller, das heißt, ganz tot ist er noch nicht, aber gestern hat Jorschi gesehen, wie man ihn ins Krankenhaus eingeliefert hat, und von dort wird ihn dann gleich die Tochter in Pflege nehmen...

Daggi lauert der Tochter, die kommt, um Gummibaum und Tiefgefrorenes zu holen, im Hausflur auf, garantiert ihr die Übernahme von Kleiderschrank und Elektroherd zum Neupreis und ist, falls die Tochter beim Hauswirt ein gutes Wort einlegen sollte, zur Übernahme der fälligen Grundrenovierung schnell bereit. Daggi übernimmt (»ja-ja-ja«) nicht nur die Renovierung, sondern auch die Hälfte der Möbel vom alten Beckweller und hackt den Wohnzimmerschrank, dessen Anblick sie auf der Stelle depressiv macht, höchstpersönlich in Stücke. Beim ersten Kochversuch stellt sie dann fest, daß der Elektroherd so verkrustet ist, daß sich die Knöpfe nicht mehr drehen lassen, und selbst der vertraute Anblick von *the frankfurter* an der Klotür kann nicht über den Gestank aus Waschbecken und Klo hinwegtrösten. Zudem wohnen nebenan Leute, die bis in den Morgen hinein feiern und am Tage ihren Dackel auf dem Balkon jämmerlich jaulen lassen, derweil sie sich selbst im Tiefschlaf räkeln. Auf Daggis Beschwerde hin sagen sie, daß dies den alten Beckweller, taub, wie er war, nie gestört und man mit ihm im besten Einvernehmen gelebt habe.

Daggi ist leider nicht taub, dennoch erträgt sie den Zustand bei zunehmender Erschöpfung beinahe ein Jahr lang. Dann schustert ihr Jimmi von »Jimmis Bar« augenzwinkernd einen heißen Tip zu: »Zwei-Zimmer-Wohnung in einem Hochhaus inmitten der City. Oberster Stock. Renoviert. Südbalkon.«

Daggi wird munter: Hinrasen. Rundumblick. Luftanhalten. *Sichern!!!* Unterschreiben, was immer verlangt wird (»ja-ja-ja«). Ausatmen! Einziehen! Sich endlich in Ruhe umgucken. Noch mal ausatmen. Alles klar! *Bestens getroffen.*

The frankfurter ist inzwischen an den Ecken total eingerissen, weshalb Daggi ihn durch *Frankoforte 90* ersetzt. Die Investition lohnt sich. Zwar ist das luftige Apartment im zehnten Stock des Hochhauses doppelt so teuer wie die Bude des alten Beckweller, dafür frisch renoviert und – still. Kein nachbarlicher Dackel jault, der Elektroherd funktioniert – das Klo ist tadellos. Daggi atmet befreit auf, schließt Tele und CD-Player an, kriegt sogar Schrank, Lieblingssessel *und* High-Tech-Regal unter und denkt: Endlich geschafft. Abends stellt sie leicht irritiert fest, daß das Haus nicht angenehm ruhig, sondern eher totenstill ist. Sie eilt in ihre Stammkneipe, die nun leider sehr weit entfernt ist – und stellt beim Heimkommen fest, daß jemand im Eingang lauert und der größte Teil der vielen Fenster dunkel ist. Das ist schon ein wenig unheimlich, vor allem, weil der Lauernde hinter ihr durch die Tür und dann mit ihr zusammen in den Fahrstuhl strebt. Dort wird er dann recht zudringlich, und Daggi kann sich seiner nur erwehren, indem sie ihre Handtasche freiwillig abgibt.

Von da an beschäftigt sie die Frage, wer eigentlich jener unheimliche Nachbar ist, mit dem sie das Hochhaus allnächtlich teilt, da die anderen Stockwerke an Büros vermietet sind.

Für Daggi beginnt nun ein einsames Leben, da sie sich nach achtzehn Uhr nicht mehr aus der Wohnung traut und zwanghaft auf das Surren des Fahrstuhls lauscht. Ihre Angst vor Fahrstühlen nimmt täglich zu und groteske Formen an.

Daggi hat gerade festgestellt, daß sie fast gar keine Freunde, statt dessen jedoch ein zwanghaftes Nervenzucken hat, da zieht zwei Straßen weiter ein Ballettänzer aus. Die Frau vom Wasserhäuschen hat's als erste gehört und es ihr eines Morgens zugeraunt. Das Haus ist klein, hat nur vier Parteien, und jegliche Angst vor Fahrstühlen ist unbegründet, weil das Haus gar keinen Fahrstuhl hat und die Wohnung des Ballettänzers überdies im Parterre liegt. Daggi mobilisiert ihre Restbestände einstiger Kraft!

Sie rast zu der angegebenen Adresse, *sichert!!!* Unterschreibt (»ja-ja-ja«), überweist die Summe, die diesmal für Rollos und Duschvorhang fällig wird, und versichert dem Hauswirt, daß die Ballettstange an der einzigen Stellwand des Wohnraumes bestimmt nicht stört. Dann verläßt sie in panischer Hast ihr luftiges Domizil und quartiert sich im Parterre des neuen Hauses ein.

Diesmal ist es nun wirklich grauenvoll! Die S-Bahn rattert fast durchs Schlafzimmer, die Küche ist nur ein Kochschrank, der nach Norden gelegene, stockdunkle Wohnraum ganze elf Quadratmeter groß.

Daggi wirft ihre Kleider über die Ballettstange, sinkt auf die Gymnastikmatte, die der Tänzer hinterlassen hat, und empfindet erstmalig jene dumpfe Traurigkeit, die fröhlicher »Cityhopserei« eher abträglich ist.

Ein letztes Mal rafft sie sich noch auf, pinnt *Frankoforte 90* an die Klotür und schließt Tele und CD-Player an, dann sackt sie endgültig in sich zusammen. Und das High-Tech-Regel neben dem Pappkartonturm sieht wieder nach nix aus...

PS: Daggi besucht inzwischen einen Yogakurs, mit dessen Hilfe sie die S-Bahn in ihrem Bett besser erträgt, und Winni hat sich einen leichten Laufschuh maßanfertigen lassen. Die Strecke: Küche–Fernsehsessel wird täglich beschwerlicher.

Nur für Raucher

Manchmal ruft Ella mich noch an!

Sie ist eine alte Freundin von mir. Wir haben uns früher zu stundenlangen Gesprächen getroffen, aber seitdem sie das Rauchen aufgegeben hat und ich weiterqualme, können wir nur noch telefonisch miteinander kommunizieren.

Heute war Ella voll brodelnder Empörung.

»Ich habe von Hardy gehört, daß ihr eine Riesenparty veranstaltet habt, warum, bitte schön, durfte ich nicht kommen? Was habe ich dir getan?«

»Du hast mir nichts getan«, sagte ich sanft, »aber es waren ausschließlich Raucher anwesend, und ich möchte nicht dafür verantwortlich sein, daß du dir die Gesundheit ruinierst!«

»Sei nicht albern«, sagte Ella, die neuerdings bei sich zu Hause sogar das Rauchen im Garten untersagt, »das eine Mal hätte ich es sicher überstanden. War Henning auch da?«

Ich bestätigte, daß ihr heimlicher Schwarm Henning auch da war. Er mag Ella sehr, aber da er wie ein Schlot qualmt, kann er sich ihr nur bis an die Grundstücksgrenze nähern, was intensiveren Kontakt erschwert.

»Er hat übrigens ein auffallendes Interesse für Astrid gezeigt!« teilte ich ihr schonungslos mit.

»Seit wann schwärmt er für Frauen, die zwei Köpfe größer und zehn Kilo schwerer sind als er?« fragte Ella spitz. »Welch seltsames Paar!«

»Sie *sind* ein seltsames Paar!« gab ich zu. »Aber Astrid gestattet, daß er in ihrer Gegenwart raucht! Wie ich hörte, sollen Männer sogar in ihrem Bett rauchen dürfen. Die Kerle treten in Sechserreihen an. Sie ist so begehrt wie nie!«

»Sie stinkt nach Nikotin«, sagte Ella, »und ihr Lachen klingt wie das Kollern eines Truthahns. Ich möchte Mäuschen spielen, um zu sehen, was ein Typ wie Henning mit ihr anfängt.«

»Er raucht mit ihr!« wiederholte ich geduldig.

Ich hörte Ella schwer atmen.

»Wer war noch da?« fragte sie dann.

»Grilli und Fred, Beate, Hermann, die Schneiders, Herlind, Frau Sauler...«

»Wieso *Frau* Sauler?« fragte Ella. »Ist *er* krank?«

»Er raucht nicht!« sagte ich.

»Jetzt übertreibst du aber«, schrie Ella mich an. »Schließlich sind sie erst ein halbes Jahr verheiratet, und zu Hause raucht sie doch auch, während er es stumm erträgt...«

»Was er zu Hause tut, geht mich nichts an«, erwiderte ich fest. »In meiner Wohnung hat ein Nichtraucher jedenfalls nichts zu suchen.«

»Sei doch nicht albern, schließlich gehen wir doch auch hin und wieder in Kneipen und ertragen den Qualm der anderen, ohne gleich umzufallen!«

»In meine Wohnung kommt ihr nicht!« wiederholte ich streng.

»Du bist ja total verbissen«, sagte Ella.

»Das letzte, das mich mit euch Exrauchern verbindet«, antwortete ich.

Trotz meiner Aufmerksamkeit hatte sich auf meine Party doch ein Nichtraucher eingeschlichen, dessen permanentes Nichtrauchen ich übersehen hatte. Arno revanchierte sich mit einer Gegeneinladung. Obwohl er sehr wohl weiß, daß ich ohne Zigarette in der Hand ein tief unglücklicher Mensch bin, lud er mich zu seiner Silvesterparty ein. Ich hatte den Mantel noch nicht ausgezogen, als er bereits mit einem gefüllten Sektglas auf mich zu segelte und mich nötigte, es zu leeren.

»Geraucht wird hier aber nicht!« sagte er und drohte scherzhaft mit dem Finger. Anstelle von Zigaretten gab es literweise Alkohol, der Hausherr selbst soff, bis er nicht mehr stehen konnte, die Gastgeberin begann nach der zweiten Flasche mit ihm zu streiten, daß die Fetzen flogen, zwei Gäste schliefen auf dem Sofa ein und boten einen unschönen Anblick, eine Dame riß sich das Kleid vom Leib, tanzte auf dem Tisch und schilderte detailliert das Liebesleben zwischen ihrem Mann und dem Au-pair-Mädchen. Dann übergab sie sich diskret in den Papierkorb.

Mir selbst bekam der viele Alkohol besser, weil ich in regelmäßigen Abständen in den Garten hinausging, um zu rauchen. Gegen vier Uhr morgens stieg ich über mehrere Schnapsleichen hinweg und entkam mit knapper Not den fettigen Fingern eines Volltrunkenen, der mich mit glasigen Augen anstarrte.

Um mich für den netten Abend zu revanchieren, ließ ich auch Arno eine Einladung zu meiner nächsten Party zukommen.

»Ich sag's dir besser vorher«, sagte ich, »diesmal möchte ich keinen Trinker dabei haben. Es gibt fünf verschiedene Sorten Mineralwasser, Apfelsaft und Früchtetee, aber keinen Tropfen Alkohol. Statt dessen dürfen alle Gäste rauchen, bis ihnen die Lunge platzt.«

»Dann werde ich mir selbst eine Flasche Whisky mitbringen«, schlug Arno vor. »Sonst wird mir der Abend zu trocken!«

»Ich möchte keinen Alkohol im Haus haben«, wiederholte ich höflich, aber bestimmt. »Wenn du unbedingt trinken mußt, kannst du das in der Garage tun!«

»Und? Wie ist es ausgegangen?« fragte Ella, die am Tag nach der Party anrief.

»Arno ist nicht gekommen!« sagte ich. »Dabei ist meine geheizte Garage bestimmt gemütlicher als sein ungeheizter Garten!«

»Ich sag's ja, du wirst immer verbissener«, bemerkte Ella. »Und eigentlich rufe ich nur an, um dir zu sagen, daß es das letzte Mal ist.«

»Warum?« fragte ich, steckte eine Zigarette in Brand und inhalierte tief.

»Weil neueste Ergebnisse amerikanischer Forscher ergeben haben, daß gerade das passive Mitrauchen durch das Telefon tödliche Folgen hat! Ich merke es auch an mir selbst. Zwei Telefonstunden mit dir, und ich bin total erledigt!«

Ich habe nie wieder von Ella gehört.

Das tägliche Lieben

Von der Liebe können wir
alles erwarten...
Henry Miller, Schriftsteller

Bitte recht glücklich

Mutter möchte, daß ihr Röschen glücklich ist! Ein verständlicher Wunsch, möchte man meinen, wenn er Roses Leben nur nicht so ungemein erschweren würde, denn ewig glücklich zu sein ist eine sehr schwere Aufgabe. Dabei hätte Rose gar nichts dagegen, das Leben risikoreich anzugehen und hin und wieder mal eins auf die Nase zu kriegen, doch leider muß sie diese ans Perverse grenzende Neigung vor Mutter streng verborgen halten.

Neben der anstrengenden Aufgabe, rund um die Uhr glücklich zu sein, hat sie nämlich auch noch die Pflicht, Mutter rund um die Uhr glücklich zu machen, und das geht wiederum nur über das eigene, ewig währende Glück! Ein unendliches Dilemma, wenn man es genau nimmt.

Mutter hat manchen Rippenstoß und manchen Nasenstüber abgekriegt und überstanden, und deshalb ist sie heute eine stabile und selbstbewußte Frau, die aus der tiefen Erfahrung heraus, recht widerstandsfähig zu sein und Probleme meistern zu können, einen festen Glauben an sich selbst und den heiteren Optimismus gewonnen hat, daß sie auch den Dreck, den die Handwerker sicher wieder hinterlassen, und das Ziehen der Krampfader in der nächsten Woche irgendwie überstehen wird. Denn schließlich, was hat sie nicht schon alles überstanden...

Aber ihr Röschen soll es unbedingt besser haben!

Röschen soll um alle Erfahrungen einen großen Bogen machen, und wie groß dieser Bogen zu sein hat, wird Mutter ihr schon sagen. Mutter mit all ihren Erfahrungen wird Röschen alle Erfahrungen ersparen, denn schließlich, wozu hat Mutter die ihren denn gemacht, wenn nicht dazu, daß Röschen sie nicht mehr machen muß, das heißt, damit Röschen von der Wiege bis zur Bahre ununterbrochen glücklich sein kann. Mehr Lohn verlangt Mutter ja gar nicht für all die Entbehrungen, die sie auf sich genommen hat, ja ist das denn zuviel verlangt?

Mutter glücklich zu machen, und zwar durch Demonstration

eigenen Glücks, ist Roses Aufgabe von Kindesbeinen an. Schon von dem kleinen Mädchen verlangte Mutter nichts weiter, als daß es bildhübsch aussah, stets Klassenbeste war und alle Menschen mit seinem Charme bezauberte.

»Welch glückliches kleines Mädchen«, sollten die Nachbarn sagen, »und so hübsch und wohlerzogen und in der Schule immer vorneweg! Und all das, ohne daß es sie sonderlich anstrengt, es fliegt ihr einfach so zu. Ein wahres Geschenk des Himmels!«

Später wippte Röschen dann zur Tanzstunde, und Mutter kaufte ihr von ihrem sauer Ersparten das schönste Kleid und die teuersten Schuhe und putzte ihr Schätzchen wie eine Prinzessin heraus, aber bitte, dafür durfte man natürlich auch erwarten, daß Schätzchen von allen die Schönste war und das Auge eines echten Prinzen auf sie fiel.

Heute hat Rose-Schatz selbst zwei Schätzchen, die alles in den Schatten stellen, was die Welt je an Schätzchen hervorgebracht hat... erzählt Rose ihrer Mutter, der verzückten Oma, die ganz einfach ein Anrecht auf makellose Enkelchen hat, denn bitte, wozu ist denn all die Mühe und all die Plage gut gewesen, wenn nicht dazu, daß Röschen als Ehefrau und junge Mutter ebenso glücklich ist, wie sie es als Kind und als junges Mädchen gewesen ist? Schließlich ist die glückliche Kindheit ja bloß so eine Art Generalprobe zum ganz großen späteren Glück gewesen. Zu jenem Glück, an dem sich Mutter nun, gemütlich im Logensessel zurückgelehnt, mit gefalteten Händen weiden möchte.

Manchmal möchte Rose mit Mutter über ihre Probleme reden, sozusagen von Frau zu Frau, möchte fragen, ob sie der Haushalt früher auch so nervte und wie sie die Erkenntnis verkraftet hat, daß Papa nicht der Prinz war, für den sie ihn am Tag der Hochzeit hielt. So wie Röschens Prinz gar kein richtiger Prinz ist, sondern ein Mann, der während der Woche gnadenlos in seinem Beruf aufgeht und am Wochenende nicht seine eigene, sondern andere Frauen glücklich macht, denn schließlich: Röschen ist es ja schon!

Natürlich bleibt dies ein frommer Wunsch, der sich nicht realisieren läßt, denn die Tatsache, ihr Röschen nicht glücklich zu wissen, würde Mutter einfach zu unglücklich machen. Und zu all den Sorgen, die sie ohnehin schon hat, fühlt sich Rose außerstande, auch noch das schlechte Gewissen zu ertragen, an Mutters Unglück ganz allein schuld zu sein. Also weicht sie bei Mutters sonntäglichem Anruf, den diese tätigt, um sich ihre Prise Glück zu holen, auf den Frust mit der neuen Einbauküche aus. Denn hier, so meint sie, darf auch sie endlich einmal... nein, natürlich nicht unglücklich sein, wer wird denn wegen einer Küche, die falsch ausgemessen und dann acht Wochen später als geplant geliefert wurde und nun hinten und vorne nicht paßt – also wer wird denn über so etwas gleich unglücklich sein? Aber ärgerlich, das schon! Ärgerlich möchte Rose jetzt aber endlich einmal sein dürfen. Rose steht seit Jahren unter Druck, jenem Druck, der innigem Glück eher abträglich ist, und das Küchenthema zum Vorwand nehmend, läßt sie diesen Druck jetzt ab, und den heimlichen Frust, den sie mit dem großen Prinzen und den kleinen Spatzen hat, den wird sie sozusagen nebenbei und heimlich auch gleich mit los.

Rose lästert erst ein bißchen, dann rast sie sich in Zorn, dann wünscht sie diese ganze Küchenmafia keifend zum Teufel, die einem erst den Briefkasten mit ihrem Werbezeug vollstopfen und einen dann, kaum, daß sie einen endlich weichgeklopft und zur Unterschrift getrieben haben, hängenlassen, bis man sich nach seiner lieben alten Küche mit derselben Heftigkeit sehnt wie vorher nach der neuen. Was sagt Mutter zum Beispiel dazu, daß einem jetzt, nachdem man acht Wochen ganz ohne Küche war, jedesmal die Dunstabzugshaube gegen den Schädel fliegt, wenn man sich, etwa in der harmlosen Absicht, ein Eichen zu kochen, dem verdammten, falsch programmierten Herd nähert, über den es übrigens auch eine Menge zu wüten gäbe... also dieser Herd zum Beispiel...

Aber sie hat nicht damit gerechnet, wie hartnäckig Mutter jetzt ihr Glück, das sie ausschließlich aus Röschens Glück zieht, verteidigt. Sie hat den gestrigen Tag damit verbracht, sich die neue Küche vorzustellen, die natürlich die schönste aller Küchen ist, und sah ihr Röschen in dem wunderhübschen, farblich auf die Türgriffe der Hängeschränke abgestimmten Hauskleid über die spiegelblank gewienerten Fliesen gehen und den Kühlschrank öffnen, in dem sich die verschiedensten Delikatessen in appetitlichen, formschönen Dosen stapeln.

Und Röschen in ihrem hübschen Hauskleid nimmt eine der Dosen heraus und greift sich knuspriges Brot aus dem Weidenkorb und arrangiert einen kleinen Imbiß, der ihr zum wahren Stilleben gelingt, während die ultramoderne Maschine aus Edelstahl köstlich duftenden Kaffee produziert. So also hat Mutter sich das vorgestellt, und so hat es zu sein, das ist doch wohl das mindeste, das man verlangen kann, zumal man sich an der neuen Küche finanziell beteiligt und dafür selbst auf den längst fälligen neuen Elektroherd verzichtet hat. Und Mutter hat sich so sehr in den »Röschen-in-der-neuen-Küche«-Traum eingesponnen, daß sie sich nun energisch weigert, sich aus demselben wecken zu lassen.

Rose ihrerseits ist nun nervlich ziemlich strapaziert!

Seit zweiunddreißig Jahren ist sie ununterbrochen glücklich, und vor lauter Anstrengung, die sie diese immense Leistung kostet, zittern ihr am Morgen die Hände und immer öfter am Abend die Mundwinkel, zum Beispiel, wenn sie an ihren Prinzen denkt, der sicher im Augenblick wieder irgendeine Frau, die sich das Recht nimmt, einfach unglücklich zu sein, glücklich macht... Rose dreht durch! Sie schreit den Ärger, den sie mit der neuen Küche hat, lauthals in die Muschel, sie tobt, sie weint, ja, sie ist rücksichtslos unglücklich...

Aber Mutter nimmt Roses Unglück nicht ernst. Sie verweigert die Annahme, nein bitte, das nicht! Alles hat sie in ihrem Leben tapfer ertragen, alles hat sie auf sich genommen. Aber dies nun nicht! Nicht auch noch! Nicht auch noch das Letzte. Und bitte schön, was will Röschen denn eigentlich? Röschen mit den goldigen kleinen Spatzen, dem netten Ehemann und der funkelnagelneuen Einbauküche?

Ja, was will Rose?

An sich nichts Besonderes. Rose will jetzt einfach über ihren Küchenärger klatschen. Sie will sich die Zunge wetzen, und vor allem will sie Bestätigung. Mutter soll beipflichten. »Ja, diese Küchenheinis können einen zum Wahnsinn treiben. Ja, bei ihrer Nachbarin, Frau Soundso, da ist das im vergangenen Jahr genauso gelaufen, ganz genauso! Und dann all der Ärger, den sie vor achtzehn Jahren mit ihrer eigenen Küche hatte, noch heute zittern ihr die Knie, wenn sie nur daran denkt. Vielleicht erinnert sich Röschen ja noch, daß da der Kühlschrank und der Herd... von der Dunstabzugshaube ganz zu schweigen!

Also wenn Mutter jetzt so reagieren würde, dann gelänge es Rose vielleicht, nach zweistündiger Zungenwetzerei wieder glücklich zu sein oder doch wenigstens ein bißchen weniger unglücklich, auf jeden Fall jedoch erleichtert, sehr erleichtert sogar!

Aber auch eine Mutter hat Rechte, und Mutters Recht ist Röschens Glück, und dieses Recht erkämpft sie sich.

»Reg dich doch nicht unnötig auf!« beginnt sie mit ihrer mildesten Stimme, in der immer ein paar Tränen schwimmen. »Ich rate dir zu deinem eigenen Besten...«

Aber heute will Rose nicht hören, was Mutter zu ihrem Besten zu sagen hat. Denn zu ihrem Ärger mit der Küche und dem Frust mit dem großen Prinzen und den beiden kleinen Spatzen, die goldig zu finden sie auch nicht täglich vierundzwanzig Stunden lang ununterbrochen imstande ist, kommt nun Mutters infame Weigerung, ihr denselber Ärger zuzugestehen, auf den sie selbst ihr Leben lang ein verbrieftes Anrecht hat. Denn Mutter ist eigentlich dauernd traurig oder ärgerlich oder wütend und überhaupt nicht glücklich, wie sollte sie denn, in diesem Leben und in dieser Welt... deshalb klammert sie sich ja so sehr an Röschen und deren Glück! Rose jedoch fährt jetzt aus der Haut. All das heruntergeschluckte, nicht erlaubte Unglück eines ganzen Lebens schreit aus ihrer Seele heraus und schreit und schreit und läßt sich nicht mehr zurückhalten.

Mutter ist einige Minuten lang äußerst irritiert. Nein, erschrokken über Roses Gefühlsausbruch ist sie nicht, nur irritiert, denn schließlich, Röschen ist ja gar nicht richtig unglücklich, sie meint nur, daß sie es sei, ein kleiner Irrtum, den Mutter zurechtrücken wird.

Und in eine Atempause hinein sagt sie mit der ihr eigenen unnachgiebig-sanften Stimme: »Aber du regst dich da doch völlig unnötig über nichts auf! Das ist alles gar nicht schlimm, nimm jetzt mal ein schönes, warmes Bad und geh früh zu Bett und schlaf mal drüber, und morgen früh, dann gehst du frisch ausgeruht in deine neue Küche und kochst was ganz Schönes für dich und die beiden Süßen! Und wie die Abzugshaube funktioniert, das läßt du dir mal ganz in Ruhe von deinem Mann erklären, da gibt es sicher einen ganz simplen Trick, den man nur kennen muß, und dann klappt es wie geschmiert, und du wirst über den ganzen Ärger von heute nur noch lachen.«

Rose nimmt das stumm zur Kenntnis und nimmt ein warmes Bad und geht früh schlafen und ruht sich aus. Aber sie lacht nicht! Dafür beschließt sie, von nun an nie wieder »öffentlich« unglücklich zu sein. Es bringt nichts ein, man bekommt Herzrasen und Magengeschwüre davon. Und so ruft sie am nächsten Morgen Mutter an und entschuldigt sich für den Ausrutscher von gestern, der in der Tat nur ein Ausrutscher war, denn natürlich ist die neue Küche ohne Makel, so wie der Prinz, die beiden Süßen und ihr Glück makellos sind. Streifenfrei rein...

Und dann beendet Rose das Gespräch. Denn jetzt, nachdem ihr aufgefallen ist, daß sie Mutter niemals mit irgendeinem Ärger belasten darf, ja, daß Mutter jeglichen Ärger kategorisch zurückweist und auf Röschens Glück stur besteht, weiß sie endlich, weshalb sie mit Mutter seit Jahren kein rechtes Gesprächsthema hat und weshalb das Zusammensein mit ihr so anstrengend ist. Denn über was, bitte schön, soll ein stets glücklicher Mensch denn reden? Etwa über das Glück?

»Bitte kurz fassen«, heißt aus diesem Grunde jetzt auch bei Rose die Devise.

»Ich bin glücklich, mir geht's gut!« Punkt! Aus! Hörer auflegen, ausatmen, glücklich sein!

Und wie so viele Mütter wartet auch Röschens Mutter immer länger auf »den Anruf«.

Elsie denkt positiv

Früher konnte ich Hanna jederzeit anrufen, um mir einen Ärger von der Seele zu reden. Heute läßt sie mich kaum aussprechen und verweist sofort auf ein esoterisches Werk. »Lies Calligan«, *sagt sie.* »Die Kraft des positiven Denkens!«

Ich las Calligan *und war tief beeindruckt von der Tiefe und Weisheit seiner Lehre, die das Leben all jener von Grund auf verändert hat, denen es gelungen ist, ihr eigenes krankes Denken aufzugeben und statt dessen das Gedankengut* Calligans *zu verinnerlichen. Das beste Beispiel dafür ist Elsie!*

Es hat keinen Zweck, mit Elsie über irgendein Problem diskutieren zu wollen, da Elsie sich weigert, das Problem als solches überhaupt anzuerkennen. Elsie denkt gnadenlos positiv.

Man kann stochern und wüten bis zur totalen Erschöpfung und das Problem von allen Seiten grell beleuchten, Elsie lächelt und fördert »das Gute« zutage, denn wer suchet, der findet, und Elsie sucht und sucht und sucht... und fündig wird sie immer. Denn sieh, das Gute liegt so nah.

Früher, als Elsie noch nicht so positiv dachte, da gehörte auch sie zu jenen unaufgeklärten Mieslingen, die beim Anblick des nur zur Hälfte gefüllten Glases Wasser nicht von »halb voll«, sondern von »halb leer« sprechen, laut zu zetern anfangen – und sich auf diese Weise doch nur selbst schaden. Denn anstatt dankbar zu sein für das, was sie haben, erschöpfen sie sich im sinnlosen Begehren jener Dinge, die nun mal nicht für sie, sondern für andere bestimmt sind.

In jenen traurigen Zeiten, in denen Elsie die gnadenreiche Technik des positiven Denkens noch nicht erlernt hatte, wütete sie gegen die Tatsache, ausgerechnet als uneheliches Kind einer Arbeiterin geboren zu sein, wo doch die Möglichkeit, als eheliches Kind eines Fabrikbesitzers geboren zu werden, beinahe ebensogroß ist.

Sie hätte Taschentücher zerfetzen und in den Teppich beißen

können bei dem Gedanken, daß sie trotz ihres überdurchschnittlich gut ausgebildeten Verstandes kein Gymnasium besuchen durfte und es wegen der schwierigen häuslichen Verhältnisse nicht einmal zu einem ordentlichen Volksschulabschluß reichte, wo doch der Blödian, den der Fabrikbesitzer großzog, Abitur, Studium und Fabrik sozusagen in die Wiege gelegt bekam. Aber dachte er etwa positiv? Nein! Er schrie laut und ausdauernd nach einer zweiten Fabrik, und weil er so nervtötend schrie, bekam er sie auch.

Anstelle einer eigenen Fabrik bekam Elsie eine Lehrstelle in der Metzgerei Bottwinkel & Sohn, und weil sie ordentlich und anstellig war, durfte sie das kleine Dachzimmer in dem großen Wohnhaus beziehen, das der Metzgerei direkt gegenüber lag und in dem Familie Bottwinkel wohnte. Diese Situation gefiel Elsie jedoch nicht so richtig, und so schrie sie nach »mehr«, und der junge Schlachtermeister Kalle Kollkamp hörte den Schrei, und er machte ihr erst ein Kind, und dann heiratete er sie, nachdem Elsie ihm diesbezüglich mehrmals auf den Zahn gefühlt hatte. Kaum verheiratet, schrie Elsie nach einer eigenen Metzgerei, und schließlich hatte sie sie, und einige Jahre später hatte sie auch das respektable Wohnhaus daneben.

Elsie brachte mit dem ihr eigenen Geschick und zähem Fleiß das Geschäft zur Blüte. Sie erwarb Anteile an einer Konservenfabrik, welche sie mit Kollkamp-Wurst aus eigener Schlachtung belieferte, und ihr Slogan: »Kenner kaufen Kollkamp-Konserven« wurde in der Gegend ein Begriff. Der Laden lief gut, dann sehr gut, dann immer besser – und dann begann Kalle Kollkamp zu trinken, oder, genauer gesagt, er begann das mühsam Erworbene stetig und unerbittlich zu versaufen und trieb sich in Spelunken und Spielhöllen herum.

Als Elsie gewahr wurde, daß es im Sturzflug bergab ging, kaum daß die Blüte erreicht war und ohne daß sich die Gelegenheit ergeben hätte, auch nur ein einziges Mal daran zu riechen, trachtete sie danach, das Abrutschen zu stoppen, koste es, was es wolle, und notfalls Herrn Kollkamp zu opfern, um Geschäft und Existenz zu retten. Elsie wollte in die Hände spucken und sich von Herrn Kollkamp trennen und war kurz davor, dem Entschluß die Tat folgen zu lassen, als sie auf wunderbare Weise und sozusagen im allerletzten Moment auf *Calligan* stieß und von einer Möglichkeit erfuhr, mit deren Hilfe man Probleme weit einfacher lösen kann als durch die Tat: nämlich ganz einfach durch positives Denken. Positives Denken, lernte Elsie, ist praktisch überall einzusetzen, und zwar ohne große Mühe und Anstrengung, da man das neue Denktraining am besten ganz entspannt, in einem bequemen Sessel ruhend, ausübt. Und wenn man es nach erstaunlich kurzer Zeit zur Meisterschaft gebracht hat, dann kann man Händespucken und Ärmelaufkrempeln und all die sinnlose Kraftvergeudung, mit der man Probleme erst sucht und dann zu lösen trachtet, für immer vergessen, denn die Dinge werden einfach *so positiv gedacht, wie man es möchte.*

Zum Beweis, daß Elsie *Calligans* Lehre nicht nur gelesen, sondern tief im Inneren auch verstanden hatte, begann sie Kalle Kollkamp mit anderen Augen anzusehen: War er denn wirklich der gottverlassene und verantwortungslose, vor Faulheit stinkende Klotz am Bein, als den sie ihn in den letzten Jahren empfunden hatte? War er nicht ein schwerkranker Mann, der eher zärtliche Zuneigung verdiente als keifende Vorwürfe? Ja, hatte sie, Elsie, ihn nicht mit ihrem Fleiß, ihrer gnadenlosen Tüchtigkeit erst in den Suff getrieben? War es nicht wesentlich sinnvoller, sich vom Geschäft zu trennen als von Kalle Kollkamp, jenem Geschäft, das ihre Ehe und Kalle Kollkamps Gesundheitszustand so sehr belastete?

Nachdem Elsie erst einmal damit begonnen hatte, positiv zu denken, hatte sie gewonnenes Spiel. Denn im Gegensatz zu einer Trennung von Herrn Kollkamp, die unendlich viel Kraft und Mut erfordert hätte, geschah die Trennung vom Geschäft beinahe von selbst, ja, je öfter Elsie ihren Ruhesessel aufsuchte, um sich ihren Meditationsübungen hinzugeben, um so schneller sausten die Bilanzen zu Tal. Und als sie ganz unten angekommen waren – Elsie war zu dieser Zeit bereits so in *Calligans* Lehre eingedrungen, daß sie selbst den Besuch des Gerichtsvollziehers als das erkennen konnte, was er war: nämlich eine interessante Unterbrechung ihres Alltags –, geschahen zwei bedeutsame Dinge: Das Geschäft und Kalle Kollkamp begaben sich zur ewigen Ruhe! Erst das Geschäft, dann Kalle Kollkamp.

Es gab gleich böse Zungen, die meinten, daß Herr Kollkamp auch einige Jahre zuvor hätte sterben können, zu einem Zeitpunkt etwa, als Elsie das Geschäft noch hätte retten können, anstatt ihre Kräfte im sinnlosen Kampf mit Kalle Kollkamps Spiel- und Suffschulden zu vergeuden, ja, sie betrachteten es geradezu als eine Infamie des Schicksals, ihn gerade jetzt, wo alles in Trümmern lag, abtreten zu lassen, die Witwe mit den Scherben ihres Lebenswerkes allein lassend.

Aber Elsie dachte positiv und fand schnell heraus, daß es letztendlich doch gnädig vom Schicksal war, Herrn Kollkamp, in dessen Leben es so wenig Erfreuliches gegeben hatte, den von ihm so eifrig angestrebten Konkurs noch bei vollem Bewußtsein miterleben zu lassen. Es gab »das Gute«, Elsie hatte es ja gewußt... man mußte es lediglich herbeidenken. So einfach...

Die Metzgerei samt der Konservenanteile übernahm dann der Bruder von Kalle Kollkamp, der ebenfalls Metzger war.

Es gab zwar Stimmen im Ort, die raunten, wie schmählich es sei, in demselben Haus, das man einst für sich selbst gebaut hatte, nun Schwager und Schwägerin residieren zu sehen und selbst bloß die beiden Dachkämmerchen zugewiesen zu bekommen, aber Elsie legte sich mit »ihrem« *Calligan* auf das alte Sofa und gab sich mit großer Intensität ihren Übungen hin. Auf diese Weise erreichte sie die höchstmögliche Stufe in der Kunst des positiven Denkens und fand heraus, daß es im Grunde doch ein großes Glück war, daß das schöne Haus und das Geschäft, an dem sie mit allen Fasern ihres Herzens hing, nicht in gänzlich fremde Hände kamen. Denn erstens konnte sie auf diese Weise in der vertrauten Umgebung bleiben und täglich auf ihre liebe alte Metzgerei gucken, und zweitens blieb der Name erhalten, und nicht einmal das Türschild mußte ausgewechselt werden.

Zum Dank, daß sie im Hause wohnen bleiben darf, hilft Elsie ihrer Schwägerin Thekla im Haushalt. Das heißt, allzuviel helfen kann sie leider nicht, denn durch die schweren Aufbaujahre und das Arbeiten in unterkühlten Räumen hat sie sich die Gicht zugezogen und muß demzufolge an Krücken gehen. Eine schwere Belastung – vor allem für die anderen –, findet Thekla, die zu jenen Menschen gehört, die so lange nach einem ordnungsgemäß gefüllten Glas schreien, bis sie es haben, und die *ihren Calligan* allenfalls dazu nutzen, das zu kurze Bein der Flurkommode zu stützen. Aber Elsie meint, das mit der Gicht dürfe man nicht so negativ sehen, schließlich hat sie erst kürzlich in der Zeitung der Fleischerinnung gelesen, daß durchaus gute Chancen für Gichtkranke bestünden und ein Team in Ohio eifrig dabei sei, nach einem neuen Serum zu forschen. Bis dieses Serum im Handel ist, ist ihr mit ihren Krücken bestens gedient, denn diese sind ja heute aus Leichtmetall und hervorragend konstruiert, und das Sozialamt übernimmt die gesamten Kosten, kommt also für *beide* Krücken auf...

Thekla, die verbittert zur Kenntnis nehmen muß, daß Elsie jeden Tag schlechter gehen kann, und sie bereits im Rollstuhl sieht, geht die Gnadenlosigkeit, mit der Elsie positiv denkt, entsetzlich auf die Nerven, ja, sie hat inzwischen sogar feststellen müssen, daß Elsies positives Denken negative Folgen auf ihr eigenes Leben hat. Sie nimmt den Kampf gegen *Calligan* auf und beginnt, Elsie ins Gehirn zu hämmern, daß ihr Leben gar nicht so positiv verlaufen sei, sondern im Gegenteil ziemlich beschissen, um nicht zu sagen, durch und durch beschissen, und zwar von Anfang an! Dabei, findet Thekla, hätte Elsie bei ihrem Fleiß und ihren Gaben durchaus etwas aus ihrem Leben machen können, wenn sie nur ein bißchen *kritischer denken* und nicht einfach alles so laufen lassen würde.

Und während sie das und anderes herausschreit und sich den Ellenbogen reibt, weil sie zum soundsovielten Mal über Elsies Krücken gestolpert ist, und einen ihrer Wutanfälle kriegt und durch das Haus tobt und die Angestellten von der Metzgerei nebenan in den Hof kommen und verwundert gucken und fragen, was die hysterische Kuh eigentlich schon wieder habe, unterbricht Elsie ihre Meditationsübungen und sagt, daß Thekla halt viel Temperament habe, heißes, geradezu südliches Temperament, und das sei doch im Grunde sehr positiv...

Und Thekla beruhigt sich schließlich und geht ins Bad, um sich den Puls zu kühlen, und Elsie sitzt da und lächelt vor sich hin.

Kaum getragen

Mutter Erna ist Jahrgang 21 und kann mitreden! Zum Beispiel über den Lauf der Dinge und den Wechsel der Zeiten, über Arbeitslosigkeit und Inflation, Bombennächte und Hungersnot, über jene Jahre, in denen keiner was hatte. Und wenn er was hatte, dann war's immer zuwenig.

Heute hat jeder von allem zuviel, kämpft mit überquellenden Schränken, platzt aus der Wohnung und wagt Speicher und Keller kaum zu betreten, vorausgesetzt, daß sich die Türen zu denselben überhaupt noch öffnen lassen.

Bei Mutter Erna haben die mageren Jahre, auf die so rasch und so übergangslos die fetten folgten, eine merkwürdige Sucht hervorgebracht: Mutter Erna treibt's »in die Stadt«. Täglich! Sie läuft durch die Kaufhäuser, streicht an Kleider- und Blusenständern vorbei, verweilt, befühlt, eilt weiter und schreitet schließlich zum Kauf. Sie trägt Hemdchen, Röckchen, Kleidchen und Blüschen nach Hause, um später vor dem heimischen Spiegel festzustellen, daß das begehrenswerte Stück unterwegs auf merkwürdige Art und Weise an Glanz verloren hat und außerdem am Hals zu kahl wirkt. Dann bemerkt sie mit kritischem Blick auf das Etikett, daß man es nicht mal in der Maschine waschen kann, sondern (wash separately) höchst mühselig pflegen muß. Ergo: Farbe macht blaß, Hals kahl, wash separately... Mutter Erna zwängt die neue Bluse lustlos in den Schrank und geht am nächsten Morgen wieder los. Heute ersteht sie ein Kochtopfset, einen Rock mit Dauerquetschfalten und T-Shirts, die im Dreierpack weniger kosten als einzeln, was Erna an sich schon günstig stimmt. Bei den T-Shirts hat sie so viel gespart, daß sie das Kochtopfset fast umsonst bekommt. Letzteres ist wichtig für Erna, die nicht gern eingesteht, verschwendungssüchtig zu sein, denn sie ist Jahrgang 21 und... (siehe oben!).

Zu Hause stellt sie fest, daß die Töpfe irgendeine komische Zwischengröße haben und auf keine Platte passen und der Faltenrock entsetzlich dick macht. Außerdem ist er ein gutes Stück zu lang, ein Fehler, der sich wegen der Dauerquetschung nur schlecht korrigieren läßt.

Sonntag kommen Tochter Lu und Enkelin Karen auf einen Sprung vorbei. Die Tochter ist Bürokauffrau und trägt am liebsten klassische Hosenanzüge, die Enkelin trägt den Diskolook, wie immer er auch gerade aussehen mag. Beide besitzen Schränke voller Klamotten. Die Oma weiß das sehr wohl, doch es ficht sie nicht an. Hinterhältig bietet sie nun zunächst einmal sehr vorsichtig (denn sie ist Zurückweisung gewohnt!) den Faltenrock an.

Wäre das denn nicht was für Lu? Lu wirft einen raschen Testblick auf das mausgraue Stück und wehrt entsetzt ab. Dann versucht sie, der Mutter klarzumachen, daß der Rock auch ihr ein gutes Stück zu lang ist und außerdem zu nichts paßt. Zudem, Oma weiß dies sehr wohl, trägt sie seit Jahren nur Hosen. Oma bietet nun, den Rock werbewirksam ausgebreitet und mit der Hand liebevoll über die Dauerquetsche streichend, die Möglichkeit des Tragens »zu Hause« an. So weit, so schön bequem, leicht zu pflegen, also wenn Lu zum Beispiel mal bei großer Hitze staubsaugen möchte oder so... Unter dem Eisblick der Tochter ein wenig zusammenzuckend, jedoch keineswegs entmutigt (!), trägt sie den Rock schließlich ins Nebenzimmer, innerlich entschlossen, ihn beim nächsten Besuch wieder anzubieten. Man hat da schon Wunder erlebt.

Während Karen nun munter vom Schulfest erzählt, das in der nächsten Woche startet und auf dem sie und ihre Freundin Mischi als Clowns auftreten werden, ruht Omas Blick geistesabwesend auf der Enkelin, bis Karen verärgert feststellt, daß Oma ja gar nicht zuhört. Oma hört tatsächlich nicht zu, denn Oma weiß aus Erfahrung, daß Tochter und Enkelin eilige Leute sind, die höchstens eine Stunde Zeit haben, und diese eine Stunde kann nicht für Schulfestgeschichten verplempert werden. Diese Stunde muß genutzt werden, um die Entsorgung der Fehlkäufe der letzten Woche einzuleiten. Den erbsgrünen Patentschirm zum Beispiel, den Lu bei ihrem letzten Besuch entsetzt zurückgewiesen hat, wird sie heute so ganz dumm, ganz nebenbei noch einmal anbieten. Und dann wären da noch die drei Kilo Pflaumen, die ihr ihre Nachbarin ohne zu fragen auf die Matte gestellt hat, weil sie nicht weiß, wohin mit dem Segen. Man könnte die Pflaumen, plant Oma listig und still für sich, eigentlich sehr schön in dem Kochtopfset verpacken und somit mehrere Fliegen mit einer Klappe schlagen. »Öffentlich« anbieten kann sie sie nicht, da Lu selbst über einen großen Garten mit mehreren Obstbäumen verfügt, die sich unter der Last der Früchte biegen. Das Kochtopfset mit den Pflaumen könnte man dann in jener braungenarbten Einkaufstasche versenken, die schon seit mehreren Wochen überfällig ist und auch aus dem Haus muß. Die Tasche war eine echte Preisleistung von *Eduscho*, ist jedoch leider nicht verwendbar, da ihre Henkel so lang sind, daß die Tasche beinahe auf dem Boden schleift, was den Transport jeglicher Ware enorm erschwert. Aber Karen ist doch oft mit dem Fahrrad unterwegs, und zum Verstauen von Badezeug scheint Oma die Tasche bestens geeignet, nur wird Karen möglicherweise die braune Plastiknarbung nicht gefallen, Karen ist diesbezüglich so schrecklich eigen.

Derweil Lu nun gelangweilt in dem Prachtband »Berühmte Gärten in den neuen Bundesländern« blättert (zwölf Mark achtzig, Oma konnte einfach nicht dran vorbeigehen), werden in der Küche in fieberhafter Eile Pflaumen in Kochtöpfe gefüllt, alles mit einem Badelaken, welches auch schon länger rumliegt, umwickelt und das Gesamtarrangement in der Eduschotasche versenkt. Die T-Shirts passen dann gerade noch so rein, und es wäre natürlich wunderbar, wenn man den Rotkohlrest von gestern auch noch mit loswürde. Rotkohl verursacht Blähungen, und Oma kocht grundsätzlich von allem zuviel. Aber sie verwirft den Gedanken als zu gefährlich. Es ist schon vorgekommen, daß an einem angetauten Päckchen Spinat die Entsorgung des gesamten Wochenfehlkaufs gescheitert ist. So beschließt sie, den Rotkohl lieber der Nachbarin (mit einem herzlichen Dank für die Pflaumen) heimlich auf die Matte zu stellen, und hängt die fertig gepackte Eduschotasche an die Klinke der Eingangstür. Bei der Verabschiedung weist sie Tochter und Enkelin dann mit einem warmen Lächeln (»Und hier ist noch eine Kleinigkeit für euch«) darauf hin.

Und dann steht sie wie immer auf ihrem Balkon und winkt den beiden Hübschen nach, ein leises Triumphgefühl im Herzen.

Eine Woche später kommt ein Paket, Absender Karen. Es enthält, wie Oma verblüfft feststellt, pinkfarbene Boxershorts. Dazu ein Kärtchen: »Liebe Oma, ich dachte, wenn du zu Hause mal staubsaugst oder so, sind diese luftigen Shorts doch genau das Richtige. Sie sind aus reiner Seide und kaum getragen. Kuß Karen. PS: Achtung: Wash separately!«

»Die Kinder heutzutage haben zuviel Geld«, denkt Oma und erinnert sich wehmütig an ihre eigene Jugendzeit, in der man sich über ein einziges Äpfelchen so freute, daß einem die Tränen kamen. Dann kehrt sie beherzt in die Gegenwart zurück, und während sie den Tisch für Cousine Etti deckt, die gleich zu Besuch kommen wird, überlegt sie, wie sie Etti die Boxershorts unterjubeln könnte. Etti hat einen Schrebergarten und bei heißem Wetter...

»Ich hab dir was mitgebracht«, sagte Etti als erstes, als sie wenig später die Wohnung betritt, und nestelt einen mausgrauen Rock mit Dauerquetsch aus einer Plastiktüte. »Mir ist er leider zu eng, aber du mit deiner fabelhaften Figur...«

»Warum gibst du ihn nicht in die Kleidersammlung?« fragt Erna, der bereits schwant, daß sie Karen und Lu bestimmt nicht *zwei* mausgraue Dauerquetschfaltenröcke andrehen kann, »die sammeln doch alle vier Wochen.«

Aber Etti, die sich 1945 sehr über die Carepakete gefreut hat, weist diesen Gedanken entrüstet zurück.

»Kleidersammlung! Wer weiß, wo die Sachen landen, und außerdem, so eine gute Qualität und Dauerquetschfalte und kaum getragen.«

In die Kleidersammlung hat sie zudem erst beim letztenmal großzügig gespendet: die ausgeleierten Badelatschen vom letzten Sommer und zwei selbstgestrickte Pullis, die leider in die Kochwäsche geraten waren. Aber ein zweijähriges Kind, das jetzt irgendwo auf der Welt erbärmlich friert, wird sich bestimmt darüber freuen. Sie läßt den Rock auf den Stuhl gleiten und beschließt, ihn nachher einfach »zu vergessen«.

Paula fährt nach Prag

Diesmal kostete es besonders viel Mühe, Paula für Prag zu erwärmen.

»Ich will nicht nach Prag!« sagte sie.

Paulas Neigung zur Dickköpfigkeit war schon immer stark ausgeprägt, doch seitdem sie ihren Achtzigsten hinter sich hatte, wurde es täglich schlimmer mit ihr.

»Aber Prag ist eine wunderschöne Stadt«, sagte Brenda und spürte wieder jenes Zittern, das sie bereits seit Jahren beim Anblick ihrer Mutter überfiel. Sie ertappte sich immer öfter bei dem Wunsch, dieses große Haus niemals gebaut, sondern ihre Zweizimmerwohnung in der City behalten zu haben, in der Werner und sie so glücklich gewesen waren und in die keine Paula hätte mit einziehen können.

In der Woche vor der großen Party, welche Werner und sie für ihre Golffreunde geben wollten, weswegen Paula wieder einmal aus dem Weg geräumt werden mußte, kam Brenda auf das Thema zurück.

»Prag ist eine der schönsten Städte der Welt!« teilte sie Paula mit. »Es ist die Stadt des goldenen Lichtes, der goldenen Kuppeln, der goldenen Türme! *Und* der goldenen Stimme!« fügte sie werbend hinzu.

»Welcher Stimme?« fragte Paula mißtrauisch.

»Der goldenen Stimme von... dieser Stimme von... na, von Prag eben«, antwortete Brenda gereizt.

»Karel Gott«, rief Werner hinter seiner Zeitung hervor.

»Na siehst du«, sagte Brenda erleichtert.

»Ich will nicht zu Karel Gott«, sagte Paula und schob trotzig die Unterlippe vor, »was soll ich da?«

»Besuchen!« sagte Brenda beschwörend. »Nur für einen einzigen Tag besuchen!«

»Ich will diesen Karel Gott aber nicht besuchen«, wiederholte Paula stur.

Brenda atmete tief durch. Dann zwang sie sich zur Ruhe.

»Du sollst nicht Karel Gott, sondern Prag besuchen«, teilte sie Paula mit. »Es handelt sich um eine Busreise, so wie letzten Monat die Busreise nach Straßburg, du erinnerst dich doch noch daran, wie schön es in Straßburg war?«

Paula erinnerte sich schemenhaft, daß sie in einem stickigen Bus über eine in der Hitze flimmernde Autobahn gerollt war und in einem entsetzlich heißen Lokal einem endlos langen Vortrag über Frischhaltedosen lauschen mußte. Einige Wochen davor war sie nach Paris gekarrt worden, und diesmal hatte jemand etwas über Patentkochtöpfe erzählt, und zur Belohnung hatte jeder Teilnehmer ein Messerset geschenkt bekommen. Sie wußte noch genau, daß das Set aus sechs Messern verschiedener Größe bestanden hatte, aber an die Stadt selbst fehlte ihr jede Erinnerung.

»Ich will nicht nach Paris«, sagte sie.

»Du sollst doch gar nicht nach Paris, sondern nach Prag!« schrie Brenda sie an.

»Ich will auch nicht nach Prag!«

»Du fährst nach Prag und Schluß!!!« Brendas Stimme glitt ins Hysterische ab, und ihre Lippen zitterten. Sie fühlte sich von einer jähen Hitzewelle überfallen, und unvermutet stürzten ihr die Tränen in die Augen.

Gestern hatte ihr Sohn Jan angerufen und sie mit der plötzlichen Mitteilung überrascht, nun doch nicht Medizin studieren zu wollen, weil er sich vor Leichen ekele, und heute weigerte sich Paula, nach Prag zu fahren. Brenda wischte sich mit der Hand über die Augen und wünschte sich weit, weit weg.

Der Bus startete morgens um drei am Südbahnhof und war ausschließlich mit älteren Frauen besetzt. Die Fahrt kostete alles in allem zwanzig Mark und war somit noch preiswerter als üblich. Zudem würden die Reisenden garantiert vierundzwanzig Stunden unterwegs sein. Billiger konnte man sie über so lange Zeit hinweg bestimmt nicht loswerden, wenn man bedachte, daß ein guter Babysitter heutzutage dasselbe in der Stunde nahm. Brenda übergab die schweigsam-beleidigte Paula der Obhut des Fahrers und drückte ihm ein Trinkgeld in die Hand.

»Sie werden sich doch ein wenig um meine Mutter kümmern?«

»Geht klar«, sagte der Fahrer.

Er hatte es sich angewöhnt, auf die Bitten um Sonderbetreuung der alten Leute, die manchmal gar nicht mehr transportfähig waren, immer zerstreut zu nicken, das Trinkgeld elegant in die Hosentasche gleiten zu lassen und den Auftrag sofort zu vergessen.

»Der eigentliche Aufenthalt in Prag wird doch nicht allzulange dauern?« vergewisserte sich Brenda. »Meine Mutter ist gehbehindert.«

»Keine Sorge«, sagte der Fahrer, »notfalls kann Mutti im Bus bleiben! Wir setzen sie nach vorn, da schaukelt es nicht so, und die Luft ist auch besser!« Brenda war beruhigt. Der Fahrer gefiel ihr, er schien Verständnis für alte Leute zu haben.

Um drei Uhr zehn setzte sich der vollbesetzte Bus in Bewegung. Paula saß eingequetscht zwischen dem Fenster und einer dicken Frau, die sofort den Sitz nach hinten stellte und mit halbgeöffnetem Maul vor sich hin schnarchte. In gewisser Weise erinnerte sie Paula an ihren Ehemann, der jetzt schon fünfundzwanzig Jahre lang tot war. Fünfundzwanzig Jahre tot und in keiner einzigen Minute vermißt. Erwin hatte sie genauso um die paar Groschen betrogen, die sie als Näherin verdiente, wie Brenda und Werner sie heute um ihre Rente betrogen. Brenda nahm ihr fast alles ab und sagte immer, daß sie ja kaum noch etwas benötige, und wenn, dann bräuchte sie ihre Wünsche nur zu äußern. Aber Paula hatte es bald aufgegeben, Wünsche zu äußern, denn weder die Rheumadecke noch die beiden Wännchen für Fußwechselbäder waren angeschafft worden. Dafür war sie, wie Brenda immer wieder betonte, nicht allein, anders als so viele Alte heutzutage.

Nach drei Stunden kündigte der Fahrer die Frühstückspause in einer Raststätte an. Er riet dringend, die Pause zum Klogang zu nutzen, da die buseigene Toilette leider defekt sei. Paula erinnerte sich, daß die Toilette auch auf den Reisen nach Paris und ins Elsaß defekt gewesen war, und bereitete umständlich ihren Ausstieg vor. Schon lange, ehe der Bus geparkt hatte, stand sie schwankend an der Tür, um als erste aussteigen zu können.

Dann trippelte sie, so rasch sie konnte, die Treppe zur Toilette hinunter, schaffte es aber wie gewöhnlich nicht schnell genug, die Stufen auch wieder hinaufzukommen, und erreichte den Bus erst, als die anderen Frauen schon wieder auf ihren Plätzen saßen.

Die Reisegesellschaft war jetzt vom Kaffee belebt und zur Unterhaltung aufgelegt. Paula hatte wie gewöhnlich keinen Kaffee bekommen, da die Zeit hierfür zu knapp bemessen war und man schon gut zu Fuß und richtig auf Zack sein mußte, um den Toilettengang mit der Kaffeepause verbinden zu können.

Nach zwei Stunden hielt der Bus abermals. Der Fahrer verschwand in einem Telefonhäuschen. Als er zurückkam, teilte er den Reisenden mit, daß die Werbeveranstaltung, die jetzt eigentlich eingeplant sei, wegen einer kleinen Desorganisation verschoben werden müsse.

»Wir machen die Vorführung auf der Rückreise, das Beste kommt, wie stets, zuletzt«, lachte er. »Bitte halten Sie die Pässe bereit, in einer halben Stunde sind wir an der Grenze!«

Paula begann augenblicklich damit, ihren Paß aus der Tasche zu kramen, und hielt ihn in der Hand. Die alte Frau neben ihr war aufgewacht und aß Bananen.

»Ich heiße Olga und war schon zweimal in Prag«, sagte sie kauend.

»Das erste Mal, als mein Sohn sein neugebautes Haus einweihte, das zweite Mal zum Firmenjubiläum. Wenn Leute vom Betrieb oder vom Club kommen, schaffen sie mich vorher immer weg«, fügte sie sachlich hinzu. »Nach Prag jagen sie mich besonders gern, weil es billig ist und man fast vierundzwanzig Stunden lang aus dem Weg ist.«

»Wie ist Prag denn so?« fragte Paula, weil sie das Gefühl hatte, auch etwas sagen zu müssen.

Olga knüllte die Bananenschale in den Aschenbecher und räusperte sich verächtlich.

»Weiß ich nicht«, sagte sie dann. »Ich bin noch nie ausgestiegen. Meist hält der Bus gar nicht in der Innenstadt, sondern irgendwo in der Nähe des Bahnhofs, wo der Fahrer Waren einkauft, die er zollfrei über die Grenze kriegen will, und dann hat man meist nur eine Stunde Zeit. Da lohnt sich's nicht.«

Nach der Grenze hörte Paula auf, aus dem Fenster zu sehen. Es war alles immer nur grün, und die wenigen Dörfchen erinnerten sie in ihrer grauen Zerfallenheit zu sehr an die Kriegszeiten. Gott, was hätte man damals um eine warme Decke oder um ein paar Setzkartoffeln gegeben. Einmal hatte ein Bauer ihr ein paar Sonnenblumenkerne geschenkt. Wann war das gewesen? Im Sommer 44? Oder 45? Brenda war damals noch klein und mit ihren dicken Beinchen neben ihr hergestapft, und über alles hatte sie sich freuen können. Und das Schlimmste, das ihr passieren konnte, war, ihre Mutter auch nur eine Sekunde lang aus den Augen zu verlieren.

Aber die kleine Brenda war irgendwann abhanden gekommen! Paula schien es fast, als ob sie gestorben sei, und statt dessen hatte sie die große Brenda bekommen, die sich über nichts freuen konnte und die keine Angst mehr hatte, ihre Mutter aus den Augen zu verlieren. Heute war ihre größte Sorge, die Mutter so oft wie möglich loszuwerden.

»Ich fahre heute übrigens zum letztenmal nach Prag!« sagte Olga plötzlich. »Ich fahr auch nicht mehr nach Paris. Ich fahr überhaupt nicht mehr weg!«

»Wie wollen Sie das denn machen?« fragte Paula, obwohl es sie im Grunde nicht interessierte, denn *sie* würde weiterhin nach Prag und nach Paris fahren *müssen*, egal ob sie wollte oder nicht.

»Ich schaff's gesundheitlich nicht mehr!« erklärte Olga in sachlichem Ton. »Erst mal dieses qualvolle Sitzen und dann die seltenen Toilettengänge. Die lassen einen ja fast so gut wie nie raus, und dann ewig das Theater mit der Werbeveranstaltung. Die Werbeveranstaltung ist immer mit dem Gratisessen verbunden, und wenn sie auf den Rückweg verlegt wird, sitzt man vierzehn Stunden im Bus, ohne was zu essen. Deshalb nehm ich immer Bananen mit, aber ich bin mittags was Warmes gewohnt und vertrag's nicht mehr so!«

Paula hatte gar nichts zu essen mit. Anfangs hatte Brenda ihr einen Imbiß eingepackt, aber bis jetzt war die Mahlzeit immer warm und reichhaltig gewesen, und so hatte sie es dann schließlich gelassen.

Paula spürte, wie ihr der Hunger den Magen zusammenzog, und Olga schenkte ihr ihre letzte Banane. Paula aß sie dankbar, schloß die Augen und schlief ein.

Als sie erwachte, stand der Bus bereits.

Paula registrierte eine Reihe grauer Häuser, eine enge, dunkle Straße und drei andere deutsche Reisebusse. Es war genauso wie in Paris. Der Fahrer setzte den Abfahrtstermin exakt in einer Stunde an, Punkt sechzehn Uhr. »Ich rate Ihnen, seien Sie pünktlich, hier wird nicht gewartet«, sagte er drohend und grinste hämisch. »Aber Sie sind ja gleich am Bahnhof, da können Sie per Zug hinterherfahren.«

Für einen Stadtbummel, fügte er hinzu, sei die Zeit ohnehin zu knapp bemessen, aber wer wolle, könne sich auf der Straße ein wenig die Füße vertreten.

Ein paar Frauen erhoben sich und kletterten steifbeinig aus dem Bus. Die meisten blieben einfach sitzen.

»Die suchen jetzt bestimmt ein Klo«, kicherte Olga schadenfroh und blickte den Davoneilenden nach, »aber die Klos im Prager Bahnhof sind immer verschlossen.«

Es dämmerte bereits, als der Bus wieder die Grenze erreicht hatte und kurz danach eine Raststätte ansteuerte.

»Bitte begeben Sie sich jetzt alle ins Lokal, die Veranstaltung beginnt in zehn Minuten!«

Die alten Leute erhoben sich von ihren Sitzen und strebten geschlossen zu den Toiletten. Der Fahrer steckte sich eine Zigarette an und sah ihnen angewidert nach. Es dauerte eine gute halbe Stunde, bis sie endlich an den langen Tischen im Saal Platz genommen hatten. Paula fühlte sich so schwach und elend, daß sie sich an der Tischkante festhalten mußte, um nicht vom Stuhl zu kippen. Sie war jetzt sechzehn Stunden im Bus herumgekarrt worden mit nichts als einer geschenkten Banane im Magen. Der Manager, ein junger, vitaler Mann, sprang auf die Bühne, begrüßte die Gäste und tat kund, daß das Essen sofort serviert werden würde, wenn mindestens fünf der Gesundheitsdecken, die hier und heute vorgeführt würden, verkauft worden seien, was in Anbetracht der hervorragenden Qualität ja nicht lange dauern könne. Zur Belohnung gebe es dann ein extra gutes Essen, nämlich Schweinebraten mit Rotkohl und Kartoffelklößen. »Das mögen wir doch alle gern, wie?«

Die alten Leute nickten bestätigend mit den Köpfen. Das Essen auf diesen Werbefahrten war tatsächlich meist sehr gut, es war das Beste an der ganzen Reise.

»Diese Veranstaltung kenne ich«, sagte Olga zu Paula, »es handelt sich um ein sogenanntes Naturbett: Oberbett, Kopfkissen und Matratze, zusammen kostet es fast 2000 Mark. Aber es ist schwer, den Kram loszuwerden, denn Leute, die für 20 Mark nach Prag fahren, haben meist nicht die Mittel, mal eben neue Betten für 2000 Mark zu kaufen.«

Der junge Mann hatte inzwischen damit begonnen, seinem Publikum die Betten zu schildern, unter welche sie sich nichtsahnend zu Hause zur Ruhe begaben, Betten, deren Federn von Milben zerfressen, die gesundheitsschädlich, unappetitlich und ekelerregend waren. »Trennen Sie Ihr Inlett mal morgen ein Stückchen auf, fassen Sie mit der Hand hinein, und holen Sie ein paar Federn heraus. Aber ziehen Sie sich vorher Gummihandschuhe an, damit Sie überhaupt den Mut haben, Ihr eigenes Bett anzufassen, jenes Bett, in das Sie sich Abend für Abend legen, ohne zu wissen, welch lebendiges Innenleben es führt.«

Für all diejenigen, die nicht vorhatten, ihr Bett aufzutrennen, holte er jetzt eine Schautafel hervor, welche eine Milbe in riesiger Vergrößerung zeigte, ein widerliches Tier, mit einem Maul voller Zähne und ekelerregenden Fühlern. »Und davon *wimmelt* es in ihren Federbetten, ich sage Ihnen, *es wimmelt*.«

Eine Frau meldete sich schüchtern und fragte, was denn mit ihren Federbetten sei, die sie Jahr für Jahr frisch auffüllen ließe.

»Rausgeschmissenes Geld«, teilte ihr der Mann gnadenlos mit. »Ist jemand hier, der der armen Frau sagen kann, warum sie das gute Geld quasi zum Fenster hinausgeworfen hat?«

Eine Omi mit lila gefärbten Haaren, die offensichtlich öfter an dieser Veranstaltung teilgenommen und ihre Lektion gut gelernt hatte, meldete sich.

»Die alten Federn fressen die neuen auf!« sagte sie stolz.

»Prima, so könnte man es auch sagen«, rief der junge Mann, »die Milben, die sich an den alten verschwitzten Federn bereits den Magen verdorben haben, stürzen sich mit Wonne auf die neuen!«

Er wandte sich mit gewinnendem Lächeln an die Zuhörenden. »Würden wir doch auch tun, oder?«

Bei diesen Worten knurrte Paulas Magen vernehmlich, aber es fiel nicht weiter auf, da alle Mägen ringsum vernehmlich zu knurren begannen.

»Natürlich nützt es gar nichts, wenn Sie sich jetzt ein Oberbett kaufen und das alte Milbenkopfkissen weiterhin unters Ohr klemmen«, schrie der junge Mann. »Also wenn Sie mich fragen, ist sogar gerade das Kopfkissen am allerwichtigsten. Schütteln Sie Ihr altes Kissen vor dem Zubettgehen mal ordentlich auf, und legen Sie dann Ihr Ohr an das Inlett, wetten, daß sie die aufgescheuchten Milben deutlich knistern hören? Aber kommen wir jetzt zu der Unterlage«, fuhr er unverdrossen fort, »dem eigentlichen Gesundheitsbett, welches Sie unbedingt brauchen, wenn sie schon einmal entschlossen sind, sich von Ihrem alten Bett zu trennen, das nicht nur für Ihre Schlaflosigkeit, Nervosität, Vergeßlichkeit, Sehstörungen, Zahnschmerzen und Muskelverkrampfung verantwortlich ist, sondern ganz einfach Ihr Leben verkürzt!« Er machte eine Pause und sah mit Leichenbittermiene in den Saal hinunter. »Und wissen Sie, warum?« fuhr er mit gedämpfter Stimme fort. »Weil Sie Jahr für Jahr viel Geld für unsinnige Erholungsreisen ausgeben, um sich anschließend zu Hause doch wieder in Ihr altes Bett zu legen. Auf diese Weise ist die ganze schöne Erholung von drei Wochen nämlich in einer einzigen Nacht dahin!«

Der junge Mann las nun Zeitungsartikel vor, in denen Menschen zu Wort kamen, deren Leben allein durch die Wunderwirksamkeit des Naturbettes wieder lebenswert geworden war. Lahme hatten wieder laufen, Blinde wieder sehen können, jahrelanger Schmerz war über Nacht verschwunden und...

»Hören Sie auf zu quatschen«, meldete sich Olga an dieser Stelle zu Wort, »und servieren Sie endlich das Essen!«

Der junge Mann starrte sie verblüfft an.

»Würden Sie mich hier bitte nicht unterbrechen...«

»Ich unterbreche, sooft ich will, und will jetzt endlich essen!« wiederholte Olga unbeirrt. »Ich kaufe drei von diesen Drecks-Gesundheitsdingern auf Anzahlung, den Rest bekommen Sie bei Lieferung!«

»Ich kaufe die beiden anderen«, schrie Paula. »Die Rechnung geht an meine Tochter!«

Zehn Minuten später wurde das Essen serviert. Es schmeckte ausgezeichnet.

Paula kaufte in Prag zwei Federbetten mit passenden Kopfkissen, zwei Gesundheitsmatratzen und sechs Töpfe Salbe gegen Krampfadern zum Sonderpreis von 95 Mark, denn bei fünf Töpfen bekam man den sechsten geschenkt.

Einige Wochen später erstand sie in Paris ein Patentedelstahlkochtopfset mit dem dazugehörigen Pflegemittel, im Elsaß eine halbe Töpferei und in Bayern gar eine lederne Seppelhose. Die Firma, die die Werbefahrten veranstaltete, war äußerst kulant. Einerlei, wie hoch der Wert der Ware auch war, die Anzahlungen waren ebenso niedrig wie die späteren Raten.

»Zahl das Zeug von meiner Rente«, sagte Paula lässig zu Brenda. »Und was ich noch sagen wollte: Mit der Krampfadersalbe brauchst du nicht zu geizen. Wenn ich demnächst nach Prag fahre, kaufe ich wieder sechs Dosen!«

Aber Paula reiste nicht mehr nach Prag.

Brenda entschied, daß ihre Mutter zum Reisen zu alt sei.

Die Stimme von nebenan

Alleinsein is auch nix!
Ida Schöllpeter, Hausmeisterin

Unser Doktor Ghosami

Schrecklich, dieser Ausländerhaß wieder überall, können mein Mann und ich ja gar nicht verstehen. Im Gegenteil, wir möchten mal im Ausland so freundlich aufgenommen werden wie unser Dr. Ghosami bei uns. Als er sich damals auf unsere Anzeige meldete, da hörte ich ja sofort am Telefon, daß das kein Deutscher war, aber hab ich da etwa gleich aufgelegt?

»Nein, tut mir leid, aber die Wohnung ist schon vergeben?« So in dem Ton? Keine Rede davon!

»Herr Doktor Ghosami«, hab ich statt dessen gesagt, »also wenn Sie sich die Wohnung einmal ansehen wollen – gern. Aber Familie haben Sie doch wohl nicht? – Wissen Sie, für Frau und Kinder ist es halt ein bißchen eng da oben, und mein Mann und ich wollen doch, daß Sie sich bei uns so richtig wohl fühlen.«

Na und da kam der dann, und er gefiel uns sofort. Er hat ja eine tolle Stelle im Forschungsinstitut, unbegrenzte Aufenthaltsgenehmigung... und wie gesagt, die Sippe nicht im Anmarsch. Da hat er unsere Wohnung dann auch sofort gekriegt, mit Vertrag und allem Drum und Dran. Und ich sage Ihnen, wir haben es nicht bereuen müssen.

Der hat irgendwie so was nett Bescheidenes, und das Waschbekken im Bad, das brauchten wir auch nicht zu erneuern, das hat er dann selbst gemacht, wissen Sie, diese Menschen sind ja nicht so grenzenlos verwöhnt wie wir hier. Zum Beispiel diese Müllers, die vorher bei uns wohnten, er war ja bloß Arbeiter bei den Gillhaus-Werken, aber bei jedem kleinen Mist kamen die angerannt und hielten die Miete zurück, wenn man's nicht sofort machen ließ. Und im Winter, als die Heizung defekt war, da sind die sofort hin zum Mieterschutz. Und das Wasser haben sie untersuchen lassen, nachdem sie in der Zeitung gelesen hatten, daß man als Hauswirt verpflichtet sei, die alten Rohre auswechseln zu lassen, na und dann sind natürlich Rückstände gefunden worden, und es hat ein Mordstheater gegeben.

Also die Erneuerung der alten Rohre hätten wir uns ja sparen können, wenn wir damals unseren Doktor Ghosami schon gehabt hätten. Der ist nicht so, der weiß eben zu schätzen, daß wir ihn aufgenommen haben, und der vergißt das auch nicht, das wird dem nie selbstverständlich. Und immer diese Hilfsbereitschaft und dieses sanfte Lächeln... ja und leise ist der... Ich sage Ihnen, *leise*! Den hört man fast nie.

Ein einziges Mal, das war noch ganz am Anfang, da mußten wir ihm leider sagen, daß wir seine Musik nicht so sehr mögen. Wir haben ja nun an sich nichts gegen Musik, die Müller-Sippe, als die ihre Stereoanlage neu hatten, da drehten die ja voll auf und scherten sich einen Dreck drum, ob's andere störte oder nicht, aber das war doch etwas anderes, europäische Musik eben, nicht dieses Gejaule, von dem man Zahnschmerzen kriegt! Und immer so traurig! Also das haben wir dem Doktor Ghosami dann ganz freundlich gesagt, und er hat's sofort abgestellt, und wir hatten nie wieder irgendeinen Grund zur Klage. Und als wir ihm dann sagten, daß bei uns im Haus die Decken leider ein bißchen dünn sind, man hört da echt jeden Schritt, da hat er ganz von selbst angeboten, da oben nur noch in Socken rumzulaufen. Also rücksichtsvoll ist der Doktor Ghosami wirklich, da läßt sich nichts sagen.

Und dann diese Hilfsbereitschaft. Also welcher deutsche Akademiker würde denn am Samstagmorgen höchstpersönlich die Treppe putzen und unsere gleich mit, wenn's mir mal nicht so gutgeht, und seine Freizeit opfern, um unseren Rasen zu mähen? Weil, wissen Sie, unser Sohn, der Tschorschi, der das früher schon mal gemacht hat, der kommt einfach nicht mehr dazu. Kann man ja auch verstehen, 'n bißchen Freizeit möchten die jungen Leute ja schließlich auch haben, also den können wir wirklich nicht noch zusätzlich belasten. Der kommt uns sowieso immer so müde und so blaß vor, der Junge...

Da ist unser Herr Doktor Ghosami ja ganz anders. Das ist eben eine andere Rasse, widerstandsfähiger, nicht so ausgepowert wie wir Deutschen, noch ganz ursprünglich geblieben, dem fällt das alles nicht so schwer.

»Also, Herr Doktor Ghosami«, sage ich manchmal, »da bewundern wir Sie ja, wie Sie das schaffen, morgens um sechs raus, bis zu zwölf Stunden im Institut, und wie lange brennt bei Ihnen nachts noch das Licht!«

Dann bereitet er ja seine Vorträge vor – wissen Sie –, aber so richtig müde und erschöpft wirkt er trotzdem nie. Das ist schon bewundernswert – nein, beneidenswert –, diese Kraftreserven, oh, die wünscht man sich manchmal.

Ja, das mit dem Rasenmähen ist ja nun auch schon zur festen Gewohnheit geworden. Anfangs, das muß ich ja zugeben, da ließ er sich schon mal bitten, nun, da war er vielleicht auch ein bißchen angespannt, die neue Stelle im Institut und die Renovierung oben und dann die Vortragsreihe – er soll ja eine Kapazität sein auf seinem Gebiet –, also da kam es schon mal vor, daß man ihn daran erinnern mußte, daß in Deutschland am Samstag der Rasen gemäht wird.

Aber das war wirklich nur ganz am Anfang. Jetzt macht er das schon, ohne daß man ihn extra bittet, ganz von selbst, und er hat auch gelernt, daß wir das nicht so gern haben, wenn er's über Mittag macht, weil wir da nämlich unser Mittagsschläfchen halten.

»Herr Ghosami«, hat mein Mann gesagt, »der Mittagsschlaf ist nun mal *unsere* Heilige Kuh!« Und hat dazu so nett gelacht, wissen Sie, so ein bißchen witzig gesagt, das nimmt der Sache gleich die Schärfe, und der Doktor Ghosami hat's halt nicht gewußt. Aber jetzt, wo er's kapiert hat, da macht er das immer gleich Samstag morgens, wenn wir beim Einkaufen sind, und wenn wir zurückkommen, dann ist alles tipp-topp in Schuß.

Und dann loben wir ihn natürlich. Nicht, daß er meint, daß wir's als selbstverständlich ansehen. Wir loben ihn, und das freut ihn dann so, daß er gleich noch den Komposthaufen wendet und die Wege harkt oder was halt gerade so anfällt. Wir meinen ja nun nicht, daß er's umsonst tun soll, aber einen Geldschein kann man ihm ja auch nicht gut in die Hand drücken, am Ende würde er es noch verkehrt auffassen, und das wär uns dann peinlich, denn Sie dürfen ja nun nicht meinen, daß diese Leute keinen Stolz hätten... Also wir haben ihm dann angeboten, daß er den Apfelbaum abernten darf. Wissen Sie, man weiß ja nicht, wohin mit dem Segen, die Früchte reifen auch nicht richtig, bleiben immer sauer. Früher hab ich das Zeug ja immer eingemacht, aber dann standen die Gläser bloß rum und setzten Schimmel an, und zum Schluß hat man's dann doch weggeschmissen. Ein Jammer, sage ich Ihnen. Und zuletzt haben wir die Äpfel gar nicht mehr runtergeholt, aber dann fielen sie von selbst runter und vermatschten den Rasen und zogen Wespen an. Also es war ein ewiges Kreuz mit diesem Baum. Aber jetzt, wo wir unseren Herrn Doktor Ghosami haben, sind wir diese Sorge auch los! Der holt den ganzen Mist runter und schafft ihn weg – wir fragen da nicht groß, wohin. Wahrscheinlich verschenkt er alles an irgendwelche Freunde, da hat's dann doch noch was Gutes, denn die freuen sich, und Doktor Ghosami hat das Gefühl, an unserem Garten doch auch einen Anteil zu haben.

Unser Herr Doktor Ghosami soll auch sonst merken, daß wir ihn schätzen, wir zeigen ihm nämlich unser volles Vertrauen. Zum Beispiel, wenn wir in Urlaub fahren. Da lassen wir immer den Schlüssel da, damit er die Blumen gießen kann. Ich meine, das ist ja nun nicht selbstverständlich bei so vielen deutschen Nachbarn, die wir seit Jahren kennen. Aber wir wollen, daß er merkt, daß wir ihn ganz und gar akzeptieren und er wirklich ein vollwertiges Mitglied unserer Hausgemeinschaft ist. Und ich muß nicht mehr vor jeder Reise das ganze Haus auf den Kopf stellen und alles putzen so wie früher, als die Schneiderbeck von nebenan immer kam, von der man weiß, daß sie überall rumguckt und brühwarm weitertratscht, was sie gesehen hat. Das brauchen wir bei unserem Doktor Ghosami nicht zu befürchten.

Der ist ja überhaupt sehr feinfühlig... Als wir letztens auf Mallorca waren, da hat mein Mann so augenzwinkernd gesagt, unsere Garage, die müßte mal entrümpelt und neu gestrichen werden, ob Herr Ghosami nicht vielleicht ein paar Freunde kenne, zum Beispiel die, die immer unsere Äpfel kriegen... oder noch besser, ein paar Heinzelmännchen, die das während unserer Abwesenheit machen könnten, und als wir wieder zurückkamen, da sind doch tatsächlich die Heinzelmännchen dagewesen.

Natürlich haben wir uns sofort revanchiert. Am nächsten Tag, da durfte der Doktor Ghosami unseren Wagen zum TÜV fahren, als kleine Anerkennung. Mein Mann läßt ja sonst keinen ans Steuer ran, weder mich noch sonst irgendwen, da ist er halt ein wenig eigen. Das wissen auch alle. Aber unser Doktor Ghosami, der durfte als einziger hinter das Steuer, und alle haben's gesehen. Ganz stolz ist er abgefahren, wie ein kleiner König. Ich meine, mal so einen schweren Wagen lenken zu dürfen, davon träumen solche doch meist ein Leben lang vergeblich.

Alleinsein is auch nix!

Also die Frau Haatwich aussem zweiten Stock, die Roswieta Haatwich, wissen Se ja, woll? – also die is ja jetz auch geschieden. Nach achtunzwanzig Jahren Ehe, müssen Se sich ma vorstellen. Un alles nur, weil se den Anblick von ihren Kaal von einen Tach auwen andern nich länger ertragen konnte. Un wissen Se, warum nich? Nur weil – also datt muß ich Sie jetzt ma näher erklären – nämlich, der Kaal is ja Frührentner, und war den ganzen Tach am fähnsehn un mitte Fähnbedienung so durche Programme am zwitschen, un datt hatt se angeblich nich länger mit ankucken können... als ob datt nu 'n Grund wär, sich scheiden zu lassen.

Sons is der ja schwer in Ordnung, der Kaal, kein Alkohol, nix mit fremde Weiber und gegessen, watt auffen Tisch kommt, also so einen läßt man doch nich einfach stehn, woll nich?

Aber der war se ja nu nich mehr gut genuch, und hopp und weg damit und einfach ausgezogen und alles zurückgelassen, alle Möbel unten Medientuam, den se ganz neu hatten, und alles. Und wissen Se, watt datt Resultat is? Jetzt sitz se allein vorm Fähnsehn und zwitscht sich durche Programme, und wenn nix Gescheites drin is, dann is se sich am langweilen und ruft bei mir an und redet dummes Zeuch, bloß damit se ihre eigene Stimme ma wieder hört. Ich mein, datt is ja nu auch nix, datt hätt se sich auch 'n bisken eher überlegen können, woll nich?

Ja datt, watt se nu überhaupt nich verpacken kann, datt is ja, datt der Kaal nicht lange gefackelt hat. Also der is ja nu überhaupt kein Typ für 't Alleinsein, der wär ja glatt kaputtgegangen.

Frau Schöllpeter, sacht er noch so zu mir, datt war, waaten Se ma, ja datt war genau eine Woche, nachdem se ihn verlassen hatte, Frau Schöllpeter, sacht er, ich bleib nich alleine, so waa ich Kaal Haatwich heiß, ich such mir wieder watt.

Na, sach ich, wenn datt man bloß so einfach wär! Da lacht er nur. Sie glaum gaa nich, sacht er, wieviel Frauen inne Welt rumlaufen, die alleine sind, sacht er, un die froh wären, wenn se wieder 'n

Mann vor ihre Glotze sitzen hätten, und wenn et auch nur darum geht, datt da jemand is, den se atmen hörn.

Na, sach ich, wenn et nur darum geht! Atmen werden Se doch noch können, Herr Haatwich. Da hatt er wieder gelacht. Is ja 'n netter Kerl, ich happ den immer gut leiden könn.

Ja nu, dann is er also in Urlaub gefaan. Die haben ja früher schon Camping gemacht, wissen Se, seit Jahren, immer Camping. Also sagen wer ma so, für mich wär datt ja nix. Dieses Unbequeme immer, und so billich, wie man meint, is datt ja auch nich, vertun Se sich da man nich, datt kostet ganz schön. Ich mein jetzt auf den Plätzen, wo et 'n bißken mit Komfort zugeht. Die anderen können Se sowieso vergessen, aber watt wollt ich denn noch überhaupt erzählen? Ach ja, der Kaal Haatwich! Ja also, der kommt zurück, und watt glauben Se, hatt er doch tatsächlich eine im Schlepp. Ne Ecke jünger als die Roswieta und so im Ganzen gaa nich schlecht. Nun war se grade braungebrannt und die Haare so nett gelecht, so watt macht ja auch watt aus, woll? Na, ich stand grade zufällich im Hausflur, als se ankamen, un ich happ dem Kaal so heimlich zugezwinkert, datt er datt gut gemacht hat, un schnell war et ja auch gegangen. Ganze neun Wochen, nachdem die Roswieta ausgezogen is, is die Neue eingezogen, und der Urlaub war da schon mit drin. Datt muß man sich ma vorstellen. Aber jetzt kommt et ers noch, passen Se auf: Diese Frau, wie heißt se noch gleich? Ach ja, diese Frau Spitzberch, die is dann gleich mit zugezogen in seine Wohnung hier im Haus, und watt denken Se, die hat da oben alles unverändert gelassen. Bis auwen letzten Eierbecher, bis auffe Häkelmütze vonne Ersatzklopapierrolle, alles so gelassen, wie datt die Roswieta hingestellt hat. Also datt könnt ich ja nich! Sie? Au nich, woll? Also jetz ma unter uns, ich käm mir ja vor wie im Leichenschauhaus, sogar die Familienfottos hatt se hängen lassen, von Leute, die se nie im Leem gesehn hat, so watt muß man sich bloß ma vorstellen. Also ich weiß datt so genau, weil ich da ja immer hingeh und die Blumen gieß, wenn se ma so zwischendurch 'n paar Tage Camping machen oder sonstwie weg sind, macht man ja gärne, woll?

Ja also warum ich Ihnen datt jetzt überhaupt alles erzähl: Datt Dollste kommt nämlich ers noch. Der Roswieta, der war datt nämlich gaa nich recht. Müssen Se sich ma vorstellen. Ers verläßt se ihren Alten und die Wohnung un alles, Kopp in Nacken und so Sprüche wie: Möbel, Fähnsehn un den ganzen Krempel, kann er alles behalten, will ich gaa nix von haben, un all so 'n Mist, un wenn der Kaal sich dann watt Neues sucht, da wird se auf einmal komisch. Ers war se ewig am Tellefon und versuchte watt rauszukriegen, ob se denn oft rausgehen und in Urlaub faan und watt ich denn so für 'n Eindruck hätte, und ich happet ihr dann auch gesacht, wie et is, datt datt nämlich wohl ganz gut klappt mit die zwei un datt man ihn jetz auch öfter ma lachen hört und so.

Mann, Sie, da is die Roswieta vielleicht die Wände rauf, konnte man richtich merken, und datt Ende vom Lied war, datt se sich auch einen gesucht hat.

Obwohl se früher immer rumgetönt hat, von wegen, datt se keinen brauch und zufrieden is, wenn se allein is und ihre Ruhe hat und den ganzen Mist, und watt is jetzt? Jetz hatt se doch wieder einen, und wissen Se, wen? 'n zehn Jahre jüngeren Pfleger vonne Krankenanstalten. Ich happ den auch ma gesehen, wie ich die Frau Kuppstötten besucht hab, die liecht ja seit fast drei Monate mit ihre Bandscheibe, watt, datt wußten Se nich? Erni Kuppstötten, die früher die Heißmangel am Maakt hatte, ehe se da die Tankstelle von Aral hingemacht haben... kennen Se doch, woll? Sehen Se, kennen Se auch.

Ja, also mitte Bandscheibe hatt die datt ja immer schon gehappt, all die Jahre, ich happ se gaa nich anders gekannt, und jetzt letztes Jaar Ostern, da isset so schlimm geworden, Sie, die konnte ja den Aam nich mal mehr heben... wo warich?

Ach ja, bei dem Neuen vonne Roswieta, der war da zu der Zeit, als ich die Erni Kuppstötten immer besucht happ, Pfleger, und ich hab mir den so beguckt, also für mich wär der ja nix, glauben Se datt? Son dünnen Specht is datt, wissen Se, nix auffe Rippen, also an den Kaal reicht der nich ran. Da wär die Roswieta lieber mal bei dem geblieben, wenn se sich doch wieder einen sucht und dann so watt nimmt.

Also mit der Neuen von dem Kaal, mit der happ ich mich kürzlich auch ma son bißken ausgesprochen, und da happ ich se ganz frei gefracht, ob se denn nu zufrieden wär, mit dem Kaal und alles, und da sacht se, ach, Frau Schöllpeter, sacht se, ich bin ja auch geschieden, ich bin sogar zweimal geschieden, sacht se, un einmal so zusammengelebt, und immer war ich et, die gegangen ist und sich watt Neues gesucht hat, aber wenn ich heute manchmal so nachdenk, sacht se, dann war datt alles für de Katz. Ich hätt bei meinem ersten bleim sollen, sacht se, wir hatten so 'ne schöne Wohnung, vier Zimmer mit Balkon und holzgetäfelte Decken und alles neu und selps ausgesucht.

Und mit dem Kaal is datt auch nich mehr so wie am Anfank, sacht se, 'n ganzen Tach sitzer vorm Fähnsehn und zwitscht mit de Fähnbedienung durche Programme und sons gaa nix, ich mein, 'n lieben Kerl isser ja, aber manchmal happ ich so Tage, da kann ich da einfach nich mehr hinkucken...

Und wissen Se, watt ich jetz denk?

Ich denk, datt et die Roswieta auch schon bereut hat, denn datt mit diesen dünnen Krankenpfleger – also ich weiß et nich. Datt is irgendwie gar kein richtiger Mann, datt is bestimmt einer, der auch nur watt zum Unterschlüpfen gesucht hat, glauben Se datt? Also ich als Hausmeisterin, die immer als erste mitkricht, watt so läuft, wenn man mich ma fragen täte, ich würd se alle raten: Behaltet ma ganz schön, watter happt, denn wenn man genau hinkuckt, dann sind se alle gleich!

Und Alleinsein, datt glauben Se ma, Alleinsein is auch nix!

Thusnelda im Sessel

Also diese ewige Meckerei der jungen Frauen heutzutage kann man ja wirklich nicht mehr ertragen.

Selbstverwirklichung, pfff, wenn ich das schon höre... Ich bin ja Witwe und hab unseren Michi ganz allein großgezogen. Halbtags Büro und nachts Post sortieren, ich meine, Post sortieren bin ich ja erst gegangen, als er schon größer war und ich es verantworten konnte, daß er auch mal allein blieb. Das ging so zwei, drei Jahre lang gut, bis er dann seine erste Freundin hatte, da bin ich natürlich wieder zu Hause geblieben. Man weiß ja, wie die jungen Dinger heutzutage sind und wie sie sich an die Jungs ranmachen und denen dann was anhängen, was sie sich ganz woanders geholt haben. Aids, 'n Kind oder beides zusammen.

Der Michi ist ja jetzt fast fünfzig und wohnt immer noch bei mir. Es hat sich halt so ergeben, wo ich doch das Häuschen halten konnte, auch wenn's mir manchmal sauer wurde. Aber jetzt bin ich ja auf Rente und kann ihn gut mit versorgen. Da hat er alles, was er braucht, und ich hab keine fremden Leute im Haus, das wär ja für mich auch nicht so schön. Letztes Jahr, da hatte er mal so 'n Rappel, da wollte er unbedingt ausziehen. Das hat ihm sicher einer von seinen »guten« Freunden eingeblasen, die haben überhaupt 'n schlechten Einfluß auf ihn, aber dagegen ist man als Mutter ja machtlos. Also das war so 'ne Bude hier im Viertel, drei Straßen weiter, zwei Zimmer, Küche, Bad. Aber da hab ich nicht mitgemacht. Fünfter Stock ohne Fahrstuhl, wie soll ich alte Frau denn da die Bügelwäsche und die Töpfe mit dem Essen raufkriegen? Also alles hat ja wohl seine Grenzen.

Der Sohn von meiner Schwägerin Martha, der ist ja schon mit dreißig ausgezogen und mutet seiner Mutter zu, die frischen Hemden und was sonst so anfällt, quer durch die Stadt zu transportieren. Wohlgemerkt auf dem Fahrrad, weil sie ja kein Auto hat. Und dann kann sie womöglich wieder umkehren und darf 'n anderes Mal wiederkommen, wenn's dem Herrn Sohn gerade nicht paßt.

Dem paßt es öfter mal nicht, weil er Besuch hat, meist so Weiber, die sich überall einnisten und Gott weiß woher kommen und die Wohnung blockieren. Mal was putzen oder bügeln tun die natürlich nicht, machen die Frauen heutzutage ja nicht mehr, dazu sind sie ja zu emanzipiert, aber einsauen, was die alte Mutter tags zuvor unter qualvollen Mühen gerichtet hat, und die mühsam gebügelten Hemden mit Make-up verschmieren, das können sie.

Und dann betätigen sie sich politisch, und dauernd erklären sie sich solidarisch, möchte nur wissen, mit wem! Mit den Müttern der Jungs, deren Betten sie verknüllen, jedenfalls nicht. Die denken überhaupt alle so quer um die Ecke!

Eine der Freundinnen von Marthas Sohn, die ist mal von Martha im Bett überrascht worden. Die räkelte sich da morgens um elf, als der Uli schon längst zur Arbeit weg war und Martha die Hemden für die Woche bringen wollte, ganz ungeniert in den Kissen. Also Martha sagt, sie hätte sich ja fast zu Tode erschreckt! Geht da ins Schlafzimmer, guckt gar nicht genau hin und räumt so ein bißchen im Kleiderschrank rum, da hört sie hinter sich plötzlich ein Seufzen, und wie sie sich entsetzt umdreht, da wacht die Dame gerade auf und fragt ganz keß, was Martha denn da im Schrank zu suchen habe.

Das muß man sich mal vorstellen! Die eigene Mutter... *zu suchen*. Na, die Martha ist ja nun nicht auf den Mund gefallen.

»Fräuleinchen«, hat sie gesagt, »wenn Sie schon meinen Sohn und dessen Wohnung benutzen, dann könnten Sie auch sonst mal was übernehmen, räumen Sie zum Beispiel mal die Küche auf, dann kann ich mir das nämlich sparen, und im Bad muß auch gewischt werden!«

Und wissen Sie, was die Kleine da ganz keck sagt?

»Frau Prachtwurz«, sagt sie, »ich habe auch eine Wohnung, in welcher Ihr Sohn zuweilen übernachtet, und ich warte noch heute darauf, daß mein Vater endlich mal kommt und saubermacht, wenn Ihr Sohn es schon nicht tut!«

Also kein Wunder, daß wir fast in der Barbarei gelandet sind. Ich sage immer, das mit dem Aids, das mußte einfach kommen, und ich persönlich habe gar nichts dagegen, vielleicht nehmen sich die Herrschaften dann endlich mal wieder ein bißchen zusammen.

Ja, die Martha kann einem leid tun. Mein Michi mutet mir so was zum Glück ja nicht zu. Der will gar nicht mehr ausziehen oder so eine Thusnelda heiraten. Kann man ja gar nicht mehr wagen als Mann, heutzutage. Die Weiber warten doch nur auf einen Idioten, der bereit ist, sich lebenslänglich für sie abzurackern, derweil sie selbst den ganzen Tag im Sessel sitzen und telefonieren. Die begeben sich doch erst in die Küche, wenn sie abends das Garagentor klappen hören, und dann stöhnen sie dem armen Mann was vor, was sie den ganzen Tag angeblich wieder für Arbeit hatten und wie teuer alles geworden ist, womit sie andeuten, daß sie schon wieder pleite sind.

»Mama«, sagte mir der Michi erst kürzlich, »wenn ich mal heirate, dann bestimmt keine Hausfrau, das sag ich dir, sondern nur eine, die auch berufstätig ist und ihr eigenes Geld verdient, da kannst du ganz beruhigt sein.«

»Ha«, hab ich gesagt, »da vertu dich mal nicht in so einer, die morgens ins Büro stöckelt und sich allabendlich mit Überstunden herausredet, um mit dem Abteilungsleiter ins Bett zu gehen, derweil der Trottel von Ehemann die Wäsche bügeln und den Müll raustragen darf!« Denn darauf läuft's bei dieser Sorte doch hinaus! Im Grunde verlassen sie das Haus nur, weil sie zu faul sind, sich um ihren Haushalt zu kümmern.

Letztens kommt mir meine Nachbarin, die Frau Schliehofer, auch so dumm. Also die hat ja vier Töchter, mit 'nem Sohn hat's bei der nicht geklappt, und für drei von den Mädchen hat sie auch schon einen Ehetrottel gefunden, der für die ganze Sippe ackern geht. Also die quatscht mich so dumm von der Seite an. »Frau Prachtwurz«, sagt sie und grinst so doof, »will denn Ihr Michi gar nicht mal heiraten, wünschen Sie sich denn gar keine Enkel?«

Na, der bin ich vielleicht über die Schnüß gefahren.

Enkel!!! Ich meine, gut, wenn ich nur Töchter hätte, dann würde ich ja vielleicht auch Enkel wollen, aber wenn man einen Sohn hat, dann sieht's eben anders aus. Denn meistens ist es ja so, daß sich die Mutter mit den Kindern gegen den Papa stellt und überhaupt die Kleinen mehr zu ihrer Familie hin erzieht, und die haben dann den Spaß, und der eigene Sohn kann für die ganze Mischpoke arbeiten und arbeiten und arbeiten. Und wofür?

Doch nur dafür, daß die Lady mithalten und ihrer Sippe groß aufwarten kann, wenn die zu Besuch kommt und sich breitmacht, und man selbst wird dann »die andere Oma«, die man allenfalls mal zu Weihnachten auf'n Stündchen einlädt, damit sie kommen und die Geschenke abladen kann. Und heimlich zählt die feine Schwiegertochter schon die Jahre, die man noch zu leben hat, ehe sie endlich an den Spargroschen rankann, und vom Hochzeitstag an sieht sie sich bereits in dem Haus, in dem man fünfzig Jahre gewohnt hat, und hetzt den eigenen Sohn auf, die Mutter ins Heim zu stecken, damit man nicht so lange warten muß. Und die Enkel, die kennt man sowieso bloß durch die Geburtstage, an denen sie beschenkt werden wollen, möglichst in bar natürlich, weil alles andere ja doch verkehrt ist. Wir Alten wissen ja nicht, was »in« ist, wir kaufen ja doch immer das Falsche, das muß man sich ja auch immer sagen lassen.

Der Michi meinte kürzlich abends zu mir, also wenn er mal die Richtige kennenlernt, dann würde er vielleicht weder Kinder wollen noch heiraten, sondern ganz einfach so zusammenleben, jeder seine eigene Kasse, und jeder sorgt für sich, und den Haushalt macht man dann gemeinsam. Also da hab ich vielleicht gelacht!

Haushalt dann gemeinsam...!

»Warum«, hab ich gefragt, »übst du denn nicht schon mal hier in deinem Elternhaus, und wir zwei machen den Haushalt mal gemeinsam? Warum muß ich denn hier immer alles alleine machen, und später dann mit Fräulein Thusnelda, da, meinst du, würdest du plötzlich alles können, einfach so, von heute auf morgen, einfach so, aus dem Nichts?

Ich will dir mal was sagen, mein Bürschchen«, hab ich gesagt, »wie das nämlich aussehen wird, dieses freie Zusammenleben und der gemeinsame Haushalt: Du wirst deinen Anteil nämlich schon nach kurzer Zeit nicht mehr machen, und der Kram stinkt zum Himmel, und dann bleibt's doch wieder an mir hängen, denn einer muß es ja schließlich tun. Aber das laß dir gesagt sein, ich komme nicht und mach euch den Dreck von einer Woche weg, derweil Thusnelda im Sessel hängt und zuguckt.«

»Du brauchst doch gar nicht zu kommen, das verlangt ja keiner«, hat der Michi gesagt, aber da hab ich nur noch lauter lachen müssen!

»Das ist ja noch schöner«, hab ich gesagt, »da darf sich eine wildfremde Frau einnisten, und die eigene Mutter, die ihr ganzes Leben für dich geopfert hat, die ist nicht mal mehr gut genug zu kommen, um den Dreck wegzumachen!«

»Verdammt noch mal, um was geht's denn hier eigentlich«, hat der Michi mich plötzlich angeschrien, »und was hast du ewig mit dieser Thusnelda, die doch bis jetzt noch nirgendwo rumsitzt!«

»Komm her und beruhig dich«, hab ich gesagt. »Und iß erst mal was, du siehst ja ganz blaß aus!«

Na, das hat er dann wenigstens getan, und hinterher sind wir zusammen zum Friedhof gegangen, und er hat sich entschuldigt. Aber trotzdem, der Michi ist in letzter Zeit irgendwie durchgedreht, der übernimmt sich beruflich und schläft zuwenig, und dann kann er ja von seinen Freunden nicht lassen, die einfach einen schlechten Einfluß auf ihn haben. Das täte ihm schon gut, wenn er sich von denen mal trennen würde.

Aber ich sag ja nichts mehr. Als Mutter hat man ja nichts zu sagen. Als Mutter darf man sich ja immer nur sorgen!

Express Card statt Rosen

Ich heiße Anna-Klara, vierundzwanzig Jahre alt, Studentin.

Wann ich ausstudiert haben werde, weiß ich noch nicht, ich laß mich da nicht unter Druck setzen. Dafür weiß ich genau, wie mein Leben später mal aussehen wird, also bestimmt nicht so beschissen wie das meiner Mutter. Die hat irgendwas nicht richtig kapiert, aber Mütter kapieren ja nie was.

Zum Beispiel die Sache mit der Organisation.

Also Mutter versorgt einen Fünfpersonenhaushalt und arbeitet tagsüber in einem Laden für Büroartikel. Dabei hat sie irgendwann mal Sekretärin gelernt, die Ausbildung aber verschlampen lassen, kaum daß sie verheiratet war. So etwas ist mir völlig unverständlich, aber Mütter... (siehe oben).

Im Grunde ist Mutter ihrem Kram nie so richtig gewachsen gewesen, doch als Oma dann starb und keiner mehr mithalf, da wuchs ihr alles total über den Kopf, und sie wurde richtig hysterisch. Aber anstatt das Problem erstens zu erkennen und zweitens zu lösen und endlich mal was für sich zu tun, saß sie abends heulend auf der Bettkante. Weil sie eben nie gelernt hat, ein bißchen logisch zu denken.

In der Stunde, die sie damit verplempert hat, sich die Augen rot zu heulen, hätte sie zum Beispiel schon eine Entspannungsmaske auflegen und während der Einwirkungszeit das Feuilleton der Zeitung lesen können. Wie oft hab ich ihr gesagt, Mama, tu endlich mal was für dich, geh zur Massage, mach Gymnastik, organisier doch mal deinen Kram ein bißchen, anstatt morgens um sechs wie besessen aus dem Bett zu springen, um dann sofort hirnlos herumzuackern. Aber geändert hat sich nie was. Das einzige, was sie mir zur Antwort gab, war, daß ich noch eines Tages an sie denken würde, wenn es mir nämlich genauso ginge.

Also, liebe Mama, mir wird es nicht genauso gehen, weil ich mich nämlich nicht einfach wie ein Nichtschwimmer ins Tiefe stürze, sondern das Leben gut und intelligent plane.

Zunächst einmal der Job. Natürlich werde ich nicht im Haushalt verblöden, sondern berufstätig sein, zum Beispiel in der Werbung. Werbung interessiert mich, Werbung hat Zukunft, und die wirklich wichtigen Agenturen sind immer in interessanten Städten und nicht etwa in Wippen an der Wümme, wo ich mich ohnehin nie begraben lassen würde. Mit dem Ort, in dem man sein Leben aufbaut, fängt's nämlich an. Wie soll man denn in Wippen an der Wümme die richtigen Connections kriegen? Daß du, Mama, damals in Gütersloh hängengeblieben bist, bloß weil Oma und Tante Anneliese auch da wohnten... also das muß man sich erst mal vorstellen! Unter uns, so was Beschränktes *kann* ich mir gar nicht vorstellen!

Meine Wohnung wird natürlich in der Nähe der Agentur sein. Sechs Zimmer Altbau. Citylage! Ich brauch kein Gebüsch vor'm Schlafzimmerfenster. Und ehe wir darangehen, die Bude einzurichten, wird erst mal *nachgedacht*...

Nicht irgendwas gekauft, sondern mit System geplant. Mir schwebt da Design pur vor. Design ist ästhetisch, vorzeigbar und pflegeleicht. Außerdem paßt Design pur gut zur Werbeszene, ich brauche ein bißchen Stil im Leben, sonst ersticke ich.

So eine Wohnung läßt sich dann auch in maximal drei Stunden pro Woche pflegen, weil man eben keine geschnitzten Zierleisten oder leinenen Kissenbezüge auf Eckbänken hat (brech) und keine Gewürzdosen im Küchenregälchen (brech-brech) und keine Unter- und Obergardinchen mit Rüschchen an Häkchen (brech-brech-brech). Entschuldige, Mama, aber all diesem scheußlichen Krempel hast du, wenn man es nun mal genau nimmt, dein Leben geopfert... Also ich werde dieselbe Arbeit, für die du sämtliche Wochenenden deines Lebens vergeudet hast, in Null Komma nix, und ohne jemals darüber auch nur ein Wort zu verlieren, zusammen mit meiner Hilfe erledigen. Das heißt, meine Hilfe wird das erledigen, derweil ich in der Agentur bin, ich sehe da echt kein Problem.

Natürlich werde ich Mike heiraten. Nicht aus Nostalgie, sondern weil es steuerlich günstiger ist, man muß das ganz cool sehen. Und dann wegen der Kinder, denn natürlich möchte ich Kinder, mindestens zwei, gerne drei! Wir werden zu zweit arbeiten, also können wir die Erziehung delegieren, zum Beispiel an eine Kinderfrau, die vollen Familienanschluß hat.

Du brauchst gar nicht die Stirn zu runzeln, Mama, ich weiß selbst, daß es nicht ganz leicht sein wird, eine passende Kinderfrau zu finden, aber schließlich gibt es so viele einsame Menschen, die von ihrer eigenen Familie abgelehnt werden und froh sind, wenn sie in einer netten, fröhlichen Familie unterkommen können! Und wir werden eine nette, fröhliche Familie sein, dafür werde ich schon sorgen.

Wieviel Stunden im Jahr ich denn für das Familienleben eingeplant habe? Ich bitte dich, Mama! Es gibt da zum Beispiel den Sonntagmorgen, den ich eben nicht, so wie du, in der Küche verbringen werde. Nein, Sonntag morgens wird so richtig ausgiebig gefrühstückt und alles erzählt, was sich während der Woche angesammelt hat, und anschließend schlüpft dann die ganze Familie noch mal ins Bett, zum Tollen und Schmusen.

Nein, natürlich tollen wir nicht mit den Kindern *und* der Kinderfrau im Bett herum. Die Kinderfrau hat sonntags frei, man will ja auch mal unter sich sein.

Also im Grunde kommt's einfach darauf an, daß man, *wenn* man sich den Kindern widmet, dies dann auch besonders intensiv tut und der Familiensonntag ein richtiger Festtag wird: zunächst das ausgiebige Familienfrühstück mit anschließender Schmusestunde, dann vielleicht ein Ausflug aufs Land oder ins Kino oder in eine Ausstellung. Und abends wird dann gemeinsam gekocht, denn natürlich wird auch bei uns mal was gebraten und gebrutzelt, nur halt auf kreative Art und nicht dieses tägliche »Was-koch-ich-bloß-heute-Geknatsche«, das du, nichts für ungut, liebe Mama, uns ein Leben lang zugemutet hast.

Dabei kann doch gerade das Kochen zu einer grandiosen Familiengaudi geraten! Ich stell mir da zum Beispiel mal einen »Chinesischen Monat« vor, in dem an jedem Sonntagabend ein anderes Chinagericht gekocht wird, oder ein Kartoffelfest im Frühjahr, ein Kürbisabend im Herbst, und was es da halt alles so gibt. Denn das finde ich schon wichtig, daß die Kinder mit den Eltern zusammen was machen, man will ja später auch gemeinsame Erinnerungen haben. Ebenso wichtig ist, daß Mike sich da nicht entzieht, sondern voll mitmacht. Bis jetzt zeigt er ja leider nicht so viel Begeisterung, aber das wird noch kommen, wenn wir erst verheiratet sind. Man muß sich eine Beziehung ja auch erst erarbeiten und darf nicht nachlassen, so wie die Leute früher. Kein Wunder, daß alles schiefgeht, wenn man gleich nach der Hochzeitsnacht schlappmacht.

Ja, das wären also Job und Familie, aber ich selbst darf natürlich auch nicht zu kurz kommen. Schrecklich, diese Frauen, die sich zwischen Job und Familie zerreiben und sich selbst verlorengehen. Kein Wunder, daß der Mann dann ganz schnell das Interesse an ihnen verliert. Ich meine, das Ganze erfordert eben ein bißchen Disziplin. Das Wichtigste wäre da ein erstklassiger Friseur, einer, auf den ich mich voll verlassen kann, und zweimal in der Woche brauche ich einen Abend zum Entspannen und Pflegen, da möchte ich das Bad dann für mich allein haben, und zwar so lange, wie es mir paßt. Aber das spielt sich ja ein, ebenso wie die halbe Stunde Stretchgymnastik. Das kann man doch gut machen, während man die Frühnachrichten hört und der Kaffee durchläuft. Und ab und an möchte ich dann auch ein ganzes Wochenende nur für mich, um zum Beispiel nach London zu fahren. Oder mal 'ne Woche New York, das muß einfach sein. Meine persönlichen Interessen werde ich nicht aufgeben, das ist ja leider meist der Anfang vom Ende, daß man nämlich zu Hause nur noch Mutti und im Büro nur Arbeitsmaschine ist, alles nur, weil man irgendwann beginnt, sich äußerlich gehenzulassen und eigene Interessen zu vernachlässigen. Ich werde zum Beispiel bestimmt nicht aufs Fechten verzichten. Abends eine Stunde oder zwei, das muß sein! Es ist auch wichtig, daß sich Mike an solchen Abenden nicht entziehen kann und sich voll auf seine Vaterrolle einlassen muß. Ich sage dir, Mama: Mann, Kinder, Haushalt, Beruf und trotzdem noch genug freie Zeit für Reisen und eigene Interessen, womit ich jetzt *nicht* das Stricken vorm Fernseher meine, das alles läßt sich mit der richtigen Planung durchaus miteinander verbinden. Man muß da eben mit der Zeit gehen, die Technik mit einplanen. Und dann ein Leben à la card, wenn du weißt, was ich meine, genauer gesagt, à la American Express Card (hahaha), falls du weißt, was das ist!

Du meinst, ich gehöre auch zu denen, die noch merken werden, daß die Rosen nicht vom Himmel regnen?

Mein Gott, Mama, was soll ich denn mit Rosen?

Frau extra

Der schönste Inhalt für ein Kleid
ist eine schöne Frau!
Karl Lagerfeld, Modeschöpfer

Der Verdacht

»Wie alt sind Sie?«

»Siebenundvierzig!«

»Und die letzte Vorsorgeuntersuchung war wann?«

»Noch nie...«

Ha, ein Opfer, der Blick glimmt beutelüstern auf. Hier winkt ein Erfolgserlebnis.

»Dann werden wir gleich einen Abstrich machen!«

Darauf bist du nicht vorbereitet. Du machst einen schwachen Versuch.

»Aber keiner in unserer Familie, weder mütterlicherseits noch väterlicherseits, hat jemals... also, an sich wollte ich nur...!«

Kinder, die was wollen, kriegen was auf die Bollen! Jeder, der diese Praxis betritt, wird, ehe er entwischen kann, auf Krebs untersucht, und wenn er nur nach dem Weg fragen will. Und heute haben wir sogar einen besonderen Leckerbissen im Netz. Siebenundvierzig Jahre einfach so dahingelebt? Und noch nie Beschwerden gehabt? Wahrscheinlich alles stets verdrängt. Ärzte sind nicht dazu da, Gesundheit zu bestätigen, sie wurden ausgebildet, Krankheiten zu finden. Und das werden sie, verdammt noch mal, auch tun! Schließlich ist der Mensch als Patient nichts weiter als ein unmündiges Kind, um das man sich in strenger Liebe kümmern muß.

Schon liegst du »auf dem Stuhl«.

»Heilige Mutter Gottes, steh mir bei!«

Doch zu spät fürs Gebet! Es wird mit ernster Miene untersucht, mit jener Miene, die dem Anlaß angemessen ist.

»Siebenundvierzig Jahre alt und noch nie...«, das muß ja irgendwie auch bestraft werden, diese freche Ignoranz.

»Siehste!« möchte man sagen können. »Siehste!« liegt in der Luft.

»Machen Sie sich jetzt bitte oben frei!« Es wird geknetet und gekniffen, unwillig die Stirn gerunzelt.

Und man wird fündig!

Der Gesichtsausdruck wechselt von »selbstzufrieden« zu »ernst« und bleibt bei »leichenbitter« stehen.

»Sie dürfen sich jetzt wieder anziehen!« Wie freundlich.

»Kommen Sie dann bitte nach nebenan.«

Nebenan scheint die Sonne so harmlos-nett ins Zimmer. Du nimmst Platz, Händefalten scheint angebracht. Schweigen.

Ja, was ist denn nun? Was nun ist, teilt der Engel in Weiß zunächst nicht dir, sondern der Klinik mit, denn mit deiner Person hat das alles nichts mehr zu tun. Das läuft jetzt so ab, die Fachleute sind unter sich. Mit dunkel gedämpfter Stimme werden Mitteilungen gemacht: »Ich brauche einen Termin, möglichst bald. Nächsten Montag? Ja gut. Zehn Uhr.«

»Wo ist das denn, bitte?« fragst du, weil du die eigentliche Frage: »Wieviel Zeit habe ich denn noch?« nicht zu stellen wagst. Deine Stimme ist jetzt ganz klein und zittert. Ja, so haben wir's gern. Eben noch auf stolzen Rossen... Betonung auf »eben«!

Der Engel in Weiß, jener Engel, der nur dein Bestes will, wird nun ganz mild, ganz freundlich. Kindergartentante widmet sich Kleinkind. Zeichnet für Kleinkind auf, wo Klinik ist. »Feine Klinik, ist gar nicht weit, aber Kind fährt am besten mit Taxi in schöne, feine Klinik!«

Aha! Die tödliche Krankheit ist also schon so fortgeschritten, daß der Hinweis auf das Taxi angemessen scheint. Die Kosten sind nicht der Rede wert, da es sich ja nur um eine Fahrt – die Hinfahrt – handelt.

Dir bricht der Schweiß aus. Das ist also der bekannte Tag X, der Tag aus dem Gruselfilm, jener Tag, der ganz normal beginnt und an dem dann plötzlich, ohne jede Vorwarnung, etwas Entscheidendes zu Ende geht. Das Leben zum Beispiel, dieses so heiß geliebte Leben.

Die Tante aus dem Kindergarten holt nun ein Formular aus der Schublade und malt zwei Kreise. Einen Kreis und noch einen Kreis, das sind, wie sie netterweise erklärt, deine Brüste. In den linken Kreis malt sie ein Kreuzchen, ein Pfeil weist in Richtung des Kreuzchens, und um es ganz genau zu machen, schreibt sie ans Ende des Pfeils: Verdacht.

Dann erhebt sie sich und wird leutselig. »Nun brüten Sie nicht vor sich hin, ich wünsche Ihnen ein schönes Wochenende!« Sie lächelt warmherzig. »Auf Wiedersehen!«

Mit dem Zettel in der Hand (»Verdacht!«) schleichst du nach Hause. Das Wochenende verbringst du damit, deine Lunge durch erhöhten Nikotingenuß zu schädigen, deiner Leber mutest du, ganz gegen deine Gewohnheit, eine Literflasche Wein zu. Kommt ja eh nicht mehr drauf an. Die linke Brust, die mit dem »Verdacht«, schmerzt.

Der Taxichauffeur ist gut gelaunt, pfeift fröhlich vor sich hin und erzählt von irgendeiner Kneipe, in der er gestern abend mit einigen Freunden versackt ist. Er steht halt mitten im Leben, in jenem Leben, in dem du bis vor kurzem auch gestanden hast. Schließlich erreicht er das Klinikum und setzt dich in der Nähe des Riesenkomplexes ab. Dann wendet er den Wagen und fährt munter davon.

In der Klinik ist es totenstill. Die Gänge sind leer, alle sind gestorben. Der »Verdacht« erhärtet sich augenblicklich zur Gewißheit: Hier kommt keiner mehr raus. Plötzlich taucht eine Kolonne Rollstühle auf. Sie kommen näher, surren vorbei. Die, die drin sitzen, haben vor einigen Monaten auch hier gestanden oder vor Wochen – oder gestern!

»Anmeldung.« Mutlos schiebst du den Zettel mit dem »Verdacht« der diensthabenden Schwester zu. Die betrachtet sich die Malerei irritiert. Das zeigt, daß noch lange nicht jede Frau, die »nur mal so« zur Vorsorge geht, über solch einen Zettel und über einen »Verdacht« verfügt.

Jetzt hebt die Schwester den Blick. »Ich sehe, Sie haben einen Termin. Gehen Sie mal gleich in Kabine 4. Machen Sie sich frei.«

Während du dich ausziehst, denkst du über diese Bemerkung nach. Hat denn nicht jede Frau, die zur Mammographie kommt, einen Termin? Gibt es Frauen, die einfach mal so, »auf einen Sprung« vorbeikommen? Die auf ihrem Einkaufsbummel beschließen: Ach, Greti kommt erst um vier ins Café, da nutz ich die Zeit und hüpf mal schnell unter den Röntgenschirm. Kann ja nicht schaden und je öfter, um so besser.

Und ist es am Ende gar nicht so normal, zur Mammographie geschickt zu werden, wenn man sich unvorsichtigerweise einer Frauenheilkundepraxis nähert?

Auch Ärztin No. 2 fragt sofort nach dem letzten Vorsorgetermin und nimmt die Mitteilung, daß dies deine erste Untersuchung sei, mit aufgerissenen Augen zur Kenntnis. Leichte Rötung des Gesichts: Jagdeifer. Sie kneift und drückt die verdächtige Brust, daß du beinahe empört »aua!« schreist. Ist diese neue Kneifuntersuchung nun eigentlich nötig, wo doch gleich zur Mammographie geschritten wird?

Dumme Frage! Natürlich ist es nötig. Alles ist nötig! Und du bist bloß eine kleine, entmündigte Patientin, nein, nicht einmal das, du bist eine Brust mit Verdacht! Und sonst nichts!

An der Wand hängt ein Plakat, auf dem eine Blondine, deren Busen man unter der Röntgenplatte plattgequetscht hat, zähnefletschend und mit strahlendem Lächeln demonstriert, wie nett dies doch sei, ungefährlich und angenehm. »Überwinden Sie sich, gehen Sie zur Vorsorgeuntersuchung!«

Im Gegensatz zu Blondi fällt dir das Lächeln eher schwer. Du beißt die Zähne zusammen. Es tut verdammt weh. »Das ist jetzt ein bißchen unangenehm, gell?« stellt die Ärztin zufrieden fest. Ja, das kann man bestätigen. Endlich sind Arzt und Patientin sich einmal einig. Von oben, von unten und von der Seite, näher ran, Unterleib zurück... Arm senken, Arm heben. Warum lächelt Blondi auf dem Werbeplakat wie ein Fotomodell, derweil du dich eher wie ein Affe im Versuchslabor fühlst? So überwältigt und so hilflos? Es ist überstanden. Du darfst zurücktreten. Der weiße Engel lächelt. (Engel schweben im Himmel, warte nur, balde schwebest auch du.) Weißer Engel legt bereits die Himmelsleiter an: »Ziehen Sie sich bitte wieder an, allerdings ist in diesem speziellen Fall möglicherweise noch Ultraschall nötig.«

Wieso in »diesem speziellen Fall«? Ist der Verdacht so gravierend, daß mit Betasten durch zwei Ärzte und Mammographie das Ausmaß der Erkrankung immer noch nicht feststellbar ist? Wahrscheinlich beraten sie schon, ob Ganzamputation oder nur Teil...

Du hockst im Wartezimmer auf deinem Stuhl und stellst dir deine Beerdigung vor. »Warum bin ich bloß zu Dr. B. gegangen«, denkst du. »Warum habe ich die Jahre, die mir noch bleiben, nicht so heiter, so fröhlich, so kreativ, ja, so unschuldig verbracht wie die bisherigen?« Dann erinnest du dich dunkel an frühere Arztbesuche: Man ging einmal hin, um sich ein bißchen Salbe für den entzündeten Daumen verschreiben zu lassen, und war auf Wochen hinaus beschäftigt. Denn der Kollege hat ja auch diesen teuren Maschinenpark, der nicht ganz ausgelastet ist, und der entzündete Daumen könnte ja auch von einer Schädelfraktur kommen, die nicht richtig behandelt, ja, die vielleicht nicht einmal bemerkt wurde. *Gerade*, daß dies keinerlei Beschwerden macht, ist ja das Gefährliche. Und wir wollen doch ganz sicher sein, nicht wahr? Deshalb empfiehlt es sich, auch Dr. XYZ noch einen Besuch abzustatten. Der hat ein so wunderbares Gerät zur Entnahme von Rükkenmark... Es geschieht doch schließlich alles nur zu deinem Besten!

Im Kreis mit dir sitzen stumme Frauen, die sich ebenfalls ihre Beerdigung vorstellen. Man sieht es ihnen deutlich an. Kirchenglocken läuten...

Der weiße Engel von eben erscheint und nickt dir ernst zu, sehr ernst.

»Ja, wir haben die Aufnahmen bereits angesehen. Leider ist doch Ultraschall nötig. Machen Sie sich frei.« Du gehorchst. Beide Brüste schmerzen. »Kommen Sie mit.« Du schleichst hinter der Ärztin her. Im Gang ist es dunkel. Schilder: »Bitte Tür zu. Röntgenstrahlen.« Überrascht stellst du fest, daß du eigentlich gar keine Angst vor »der Diagnose« hast, nur lähmende Angst vor einer Fehldiagnose: Zähnefletschende, braungebrannte Ärzte, soeben aus Davos zurück, nähern sich nach vollzogener Amputation dem Bett. »Wir haben eine schöne Nachricht für Sie, es war doch kein Krebs, aber was weg ist, kann schließlich *nie mehr* Krebs kriegen! Fein, gell?«

»Legen Sie sich bitte auf das Bett.« Weißer Engel No. 3 beginnt mit dem Ultraschallgerät deinen Oberkörper zu umkreisen. »Wir haben auf dem Röntgenbild nichts finden können!« Die Stimme klingt unzufrieden. Doktor Mabuse hat durch Kreismalerei deutlich einen Verdacht ausgesprochen, man möchte nun diesen Verdacht gern bestätigen. Das wäre eine saubere, glatte Sache... Weißer Engel No. 3 sucht und sucht, Goldgräbereifer ist nichts dagegen.

Vielleicht gelingt dir jetzt ein schiefes Lächeln. »Es wäre ja durchaus im Bereich des Vorstellbaren, daß kein Krebs festgestellt wird!«

»Aber nicht hier!!!« Deutlich steht die Antwort auf des Engels Stirn geschrieben. Sie ist schließlich nicht eingestellt worden, um Gesundheit zu bestätigen, sondern um Krebszellen aufzuspüren. Und obwohl es schon auf Mittag zugeht, ist sie heute noch kein einziges Mal fündig geworden. Sie braucht jetzt endlich ein Erfolgserlebnis.

Jedoch: auch der Ultraschall fördert nichts zutage. Bleibt als letzte Chance der »Verdacht«. Weißer Engel No. 3 vertieft sich nochmals in die Röntgenaufnahmen, wendet sich dann um und sagt mit etwas beleidigter Stimme: »Ja also da scheint nichts zu sein!« wobei sie das Wort »scheint« stark betont und sich dann selbst beruhigt. »Wir werden aber die Röntgenbilder heute nachmittag noch einmal genau prüfen, das Ergebnis teilen wir Ihrer Ärztin mit. Sie wird Sie dann sofort benachrichtigen!«

Anders ausgedrückt: »Wir können leider im Moment nichts finden, aber eine Resthoffnung auf ›positiv‹ besteht noch! Wir geben nicht auf!«

Du ziehst dich an und betrittst die Straße. Es regnet! Autos fahren, Kinder kommen aus der Schule zurück, ein Hund pinkelt gegen die Hausecke... Das Zittern der Knie läßt nach, und plötzlich ist alles wie immer.

Der Allesfresser, dieses Schwein

Es gab einmal eine Zeit, da hatten alle diese große, gemütliche Küche und einen großen, gemütlichen Eßtisch und viele nette Freunde, und Samstag abends stand jeder gern an seinem Herd, um für seine Freunde zu kochen.

Das war in jenen Jahren, in denen wir alle noch in Unschuld lebten und die Redakteure der einschlägigen Zeitschriften Reportagen brachten, die mit »Gäste im Mai« oder so ähnlich betitelt waren und ganzseitige Bilder von Paaren zeigten, die zum Beispiel Janne und Michel hießen, immer freiberuflich tätig und uns anderen auch sonst stets ein bißchen voraus waren, zumindest was die Einrichtung ihrer Wohnungen, ihre Kochkunst und die Größe ihres Eßtisches betraf.

Den Eßtisch, immer »echt alt« und mit einer handgescheuerten Massivholzplatte versehen, hatten Janne und Michel gewöhnlich beim Abriß eines Bauernhauses entdeckt und gerade noch vor der Vernichtung gerettet, und zu Hause hatte ihr Freund Max, der Antiquitätenhändler, dann festgestellt, daß es sich um ein ungemein wertvolles und ganz, ganz altes Stück handelte. Siebzehntes Jahrhundert oder so.

Auf ähnlich wundersame Weise waren Janne und Michel auch an die wunderschöne Keramikplatte gekommen, auf der die Lammkeule serviert wurde. Die Platten hatten sie einer alten Bauersfrau in der Provence abgeschwatzt, die ihre Knoblauchknollen darauf feilbot und gar nichts von der Kostbarkeit ahnte, die sie da besaß.

Die Lammkeule selbst war mit Rosmarinzweiglein bestückt, und ganze Büschel, die Janne in Griechenland selbst gepflückt hatte, hingen unter der Küchendecke, verströmten ihren betäubenden Duft und gaukelten Janne und Michel vor, immer ein bißchen in Griechenland zu sein. Zu der Keule servierten sie kleine, knusprige Kartöffelchen, tierisch gut in Knoblauchöl und Thymian geschmort. Dazu mischte Michel dann in einer Riesenschüssel einen knackfrischen Salat, angemacht mit ganz wenig Kräuteressig und reichlich kaltgepreßtem Olivenöl, jenem Öl, das es so gut und so kaltgepreßt eigentlich nur in der nördlichen Toskana gab. Janne und Michel hatten nämlich in der Toskana einen Freund, Ole. Und Ole bewohnte dort einen ehemaligen Ziegenstall und hielt persönlichen Kontakt zu einem Olivenbauern, der ihm mit einem verschmitzten Augenzwinkern die allerbeste Abfüllung seines kostbaren Öls zum Geschenk zu machen pflegte. Der wäre ja tödlich beleidigt gewesen, wenn Ole das kostbare Öl je zurückgewiesen hätte. Janne und Michel besuchten Ole so zwei- bis dreimal im Jahr, und jedesmal kamen sie beladen mit Öl und anderen Köstlichkeiten zurück und luden dann ihre Freunde zu einem gottvollen Essen ein, denn Jane und Michel waren großherzige Leute, die ihre Freunde an den Gaben, die ihnen so reichlich geschenkt wurden, teilhaben ließen. Und die Freunde kamen und dankten es Janne und Michel. Und Ole war froh, daß er den Olivenbauern kannte, und Janne und Michel waren froh, daß sie Ole kannten, und alle Freunde von Janne und Michel waren froh, daß sie Janne und Michel kannten und diese wiederum Ole und Ole den Olivenbauern.

Wir hatten keinen Freund in der Toskana und bezogen das Olivenöl aus der Feinkostabteilung von Hertie, und unseren Tisch hatten wir auch ganz normal in einem ganz normalen Laden zu einem hohen Preis gekauft, aber er hatte eine blankgescheuerte Platte wie der Tisch von Janne und Michel, und zehn Personen konnten gemütlich an ihm essen.

Michel und Janne aßen natürlich von Tellern, die Michels Freund Ole ganz billig von einem Töpfer der Region bezog und die in spannungsreichem Kontrast zu dem schweren Tafelsilber standen, das Janne von ihrer Großmutter geerbt hatte. Sie hatte erst befürchtet, daß das Silber und die derbe Keramik vielleicht nicht miteinander harmonieren würden, aber dann hatte sie es einfach mal ausprobiert, und siehe da: Es hatte »gestimmt«. Und wenn man das ganzseitige Foto des von Janne gedeckten Tisches so betrachtete, dann mußte man zugeben, daß Janne recht getan hatte. Es paßte perfekt. Nein, es war gerade nicht perfekt und deshalb so spannungsreich. Und spannungsreich, so lernten wir, ist besser als perfekt. Perfekt ist langweilig und spießig.

Wenn wir das auch alles nie so ganz hinkriegten, ich meine, diese einmalige Mischung aus echt altem Tisch, handgetöpferten Tellern, schwerem Silber und Tischläufern, deren matte Farben exakt zu den matten Farben von Jannes Bluse und der Kruste der Lammkeule paßten, so schafften wir es doch beinahe: Auch bei uns gab es den toll gedeckten Tisch mit den Steinguttellern, schönes Silberbesteck, Salate mit Olivenöl und Lammkeule, serviert auf einer großen rustikalen Keramikplatte (die uns meine Schwägerin von ihrer Pauschalreise nach Mallorca mitgebracht hatte, aber ich behauptete einfach, daß wir sie, als wir in der Provence unterwegs waren, ganz zufällig auf der örtlichen Müllhalde liegen sahen, was unsere Gäste mit dankbarer Bewunderung zur Kenntnis nahmen).

Mit dankbarer Bewunderung begrüßten sie auch das Essen selbst und reichten freudig ihre Teller, und wir aßen und tranken und erzählten und blieben endlos am Tisch sitzen und fühlten uns wohlig und angeregt. Und waren uns bei alledem sehr nah...

Wenn dann lange nach Mitternacht der Kaffee serviert wurde und jeder noch ein Stück Apfelkuchen bekam, serviert auf Tellern mit dem echten alten Zwiebelmuster, dann war es wirklich fast so schön wie bei Janne und Michel. Und irgendwann gegen drei, wenn sich der letzte Gast verabschiedet hatte, ging man sehr zufrieden mit sich und der Welt zu Bett.

Wann hatte das dann eigentlich angefangen, daß zum erstenmal jemand das aufgetragene Essen nicht mit erwartungsfroher Neugier, sondern mit ablehnender Skepsis betrachtete? Daß er beim Aufschneiden der Kalbshaxe (zart, rosa und gerade richtig »durch«), anstatt freudig den Teller zu halten, abwehrend die Hände hob? »Für mich bitte nur ein ganz kleines Stück!« Und dieses ganz kleine Stück dann angewidert auf dem Teller herumschob?

Wann war der Abend gewesen, an dem es die Spaghetti mit der tollen Sauce aus frischen Fleischtomaten gab und der erste Gast dankend ablehnte, weil er nicht ganz sicher war, ob es sich wirklich um Spaghetti aus Hartweizengrieß und nicht etwa um welche mit »reichlich Ei« handelte, wobei er zugab, daß es im Grunde ganz egal sei, denn beim Anblick von Nudeln müsse er leider *immer* an Ei denken… iiihhh.

Wann wurde zum erstenmal der Wein als »gegorene Chemiebrühe« abgelehnt, und wann war jener unselige Abend, an dem plötzlich alle Mineralwasser tranken und der Vorrat dann nicht reichte und Ute in der Küche stand und Kräuterteebeutel in Wasser warf? Wann behauptete jemand, kalt gepreßtes Olivenöl habe, egal wie teuer es auch sei, ganz besonders viele Rückstände, nicht trotz, sondern *wegen* der Kaltpressung? Wann hatten wir zum erstenmal mutlos und allein an unserem großen, auf Freundesrunden zugeschnittenen Rustikaltisch gesessen und festgestellt, daß die einzige Runde, die wir noch zu einem kompletten Menü zusammenbekommen würden, exakt aus zwei Personen bestand, Gastgeber und Gastgeberin bereits eingeschlossen? Und daß die letzte wirklich gelungene Einladung die vor drei Jahren gewesen war?

Denn:

- Flora ißt kein Fleisch mehr, keine Wurst, keine Butter und Rohkost nur mit Zitronensaft mariniert.
- Maria ißt zwar Fleisch, aber nur Lamm und ganz bestimmte Stücke vom Rind, lebt jedoch streng nach Trenndiät und kombiniert ausschließlich mit Salat, ausgeschlossen Feldsalat und Radicchio.
- Martin ißt Fisch und Fleisch, aber nur Salzwasserfische und Lamm. Brot und Gemüse lehnt er aus Protest gegen die Monokultur ab.
- Josa ißt gedämpftes, ungesalzenes Gemüse und keinen Salat.
- Frido ißt alle Salate, aber keinerlei Gemüse.
- Bernd ißt aus ethischen Gründen weder Fisch noch Fleisch.
- Britta sind die ethischen Gründe einerlei, aber sie ißt trotzdem weder Fisch noch Fleisch, weil sie findet, daß beides nach Aas schmeckt.
- Peter haßt Petersilie, weil sein Lieblingsopa daran erstickt ist.
- Mary verschmäht aus politischen Gründen Ingwer.
- Hilda ißt aus Prinzip keinen Reis, aus welchem Prinzip, hat sie vergessen.
- Johann ißt nach wie vor alles, kann aber Meckerer bei Tisch

nicht ausstehen und ißt deshalb nur noch in Gesellschaft seines Fernsehers.

Da uns der Tisch in seiner imposanten Größe ziemlich im Weg stand und während 365 Tagen im Jahr den freien Zugang zur Diele blockierte, machten wir, um seinen Daseinszweck zu gewährleisten, einen letzten Versuch: Wir luden ein zu selbstgebackenem Brot aus selbstgeschrotetem Korn, Rohkost und Salat, und ich mixte fünf verschiedene Joghurtsaucen zum Dippen. Zu trinken gab es Kräutertees und Wein aus garantiert biologischem Anbau. Das Ganze arrangierte ich auf einem handgewebten Tischläufer, gewebt aus handversponnener Wolle von Schafen aus dem schottischen Hochland. Unsere Freunde kamen, betraten den Raum und musterten den Tisch mit dem Blick des Leiters eines Institutes zur Erforschung von Krebszellen.

»Ich hoffe, daß du linksgedrehten Joghurt genommen hast«, bemerkte Lisa, »rechtsgedrehter säuert mir den Magen!«

Miriam bemerkte angesichts des knusprig-frischen Brotes, daß sie Backwaren aus selbstgeschroteten Körnern niemals esse, da diese nachweislich von Ungeziefer durchsetzt seien, welches in Form lebender Larven erst durch die Mühle gedreht und dann mit verbacken werde.

Heinz verschmähte die Karotten, den Sellerie, die Radieschen und den Rettich, da die Rückstände in allem »Wurzelgemüse« besonders hoch und besonders tödlich seien.

Peter diagnostizierte beginnenden Kopfschmerz infolge eines Mittels, mit welchem die Tischplatte imprägniert worden war.

Greta tränten bereits die Augen, und sie bat mich, den Tischläufer zu entfernen. Schottische Hochlandwiesen bestünden vorwiegend aus Löwenzahn, dessen Rückstände sich in der Wolle von Schafen festsetzten und beim Verspinnen freiwürden. Einen der Dips auch nur zu kosten, lehnte sie ab, da die Lasur der Schüsseln in Verbindung mit linksgedrehtem Joghurt Gifte erzeuge, die das Schlagen des Herzes verlangsamten.

Johann knabberte ein wenig an einer Karotte, dippte ein Stückchen Sellerie in eine der Saucen und strebte frühzeitig nach Hause, weil er »endlich richtig essen« wollte. Der Abend war eine Pleite, da waren wir uns einig!

Als mein Geburtstag nahte, schritten wir seufzend zur Tat, schoben den schönen Zehnpersonentisch an die Wand, umhüllten die kostbare gescheuerte Platte mit Leinendecken und bauten anläßlich der Feier ein Büfett auf.

Es gab Fisch, Fleisch, Gemüse, Salat, Rohkost und mehrere Saucen aus warm-, kalt- und gar nicht gepreßten Ölen. Wahlweise Reis, Kartoffelgratin und Brot. Das Brot einfach, dreifach oder vierfach geschrotet. Mit Zwiebel, mit Knoblauch, »nature«. Es hatte viel Mühe gemacht und viel gekostet und sah sehr dekorativ aus, aber die rechte Stimmung wollte nicht aufkommen. Unsere Freunde standen mit den Tellern in der Hand herum und machten müde Konversation. Ich hatte den ganzen Tag wie verrückt gearbeitet, war müde, erschöpft und sehr hungrig. Geistesabwesend griff ich nach einem knusprig gebratenen Hähnchenschenkel und wollte gerade hineinbeißen, als sich Maria, die neben mir stand und mir detailliert von der Gallenoperation ihrer Schwester erzählte, angewidert abwandte.

»Entschuldige, aber ich kann das nicht sehen!« stieß sie hervor und eilte in Richtung Garderobe.

Ich hastete, den Hähnchenbollen noch in der Hand, hinter ihr her. »Aber du mußt ja kein Fleisch essen!« beschwor ich sie. »Es gibt Salate, Gemüse, Saucen aus auf alle nur erdenkliche Art gepreßten Ölen! Zehn verschiedene Sorten Brot...« Ohne es zu merken, biß ich erneut in den Bollen.

Maria warf mir einen irren Blick zu. Einen Blick voller Abscheu und Ekel. »Ihhh, und was ißt *du*???« stieß sie hervor und fuhr mit dem Arm in den Mantelärmel.

Auch der Typ, mit dem sie gekommen war, Golo, griff hektisch nach seiner Jacke. »In der Küche brodelt ein ganzer Topf mit Bouillon!« keuchte er.

»Leichenteile, in Wasser gekocht«, stieß Maria hervor. »Wie das *riecht*!«

Karl und Greta hasteten an mir vorbei. Im Laufen zogen sie ihre Mäntel über, Karl legte ein Radieschen auf der Garderobe ab, Greta ein Stück Zwiebelbrot.

»Peter zermalmt drinnen ein Entenbrüstchen«, teilte Karl mit gesenkter Stimme Maria mit. *»In Mandeln gebraten!«*

»Josa häutet ganz langsam ein Stück Aal!« fügte Greta flüsternd hinzu.

»Der Allesfresser ist ein Schwein«, gurgelte Golo, kurz davor, sich zu erbrechen.

»In der Küche soll ein ganzer Topf mit Wasser stehen, in dem sie Leichenteile vom Huhn auskocht!« flüsterte Maria würgend. Sie stürzten grußlos davon.

Betroffen schlich ich mich in die Küche, versteckte den Topf mit der Bouillon in der Besenkammer und warf den Hähnchenschenkel in den Abfall. Dann ging ich in den Salon zurück. Josa versteckte gerade sein Stück Aal unter einer gebrauchten Serviette, Gerlind vergrub ein angebissenes Kotelett verschämt in der Yuccapalme. Es kam keine Stimmung mehr auf. Schon um elf verabschiedete sich der letzte Gast.

Eine Woche später gaben wir dann die Annonce auf: Rustikaler Eßtisch für zehn Personen, Massivholz, antik, zu verkaufen. Die Inhaberin einer Bäckerei holte ihn sich ab. Sie brauchte ein dekoratives Stück zur Präsentation ihrer Brote.

Wir wischten die Tränen aus dem Gesicht und halfen ihr beim Tragen.

Hin und wieder koche ich noch das ungarische Gulasch nach dem Rezept meiner Ur-Ur-Großmutter. Dann schließen wir Fenster und Türen, lassen sämtliche Rollos herab und treffen uns an der Küchenbar zu einer heimlichen Mahlzeit. Aber es schmeckt nicht mehr so recht.

Die Unschuld ist dahin.

»Versuchen Sie's mit Liebe« oder Der Rat der Woche

Kennwort: Gestörter Feierabend (43) w.

Seit dem Tode meiner Mutter lebt mein Vater (78) allein, wird jedoch, da er rüstig und unternehmungslustig ist, tagsüber mit dem Alleinsein gut fertig. Anders ist es am Abend, denn leider ist er ein erbitterter Feind des Fernsehens, da ihm die Endlosserien und Telefamilien angeblich auf den Geist gehen. Anstatt nun fernzusehen wie alle anderen auch, ruft er fast allabendlich bei mir an, meist wenn ich gerade die Nachrichten höre oder ein spannender Krimi läuft. Ich habe ihm schon vorgeschlagen, doch auch einmal andere Leute, zum Beispiel die alten Freunde von früher, anzurufen, aber er sagt, da diese alle fernsehen, fühlten sie sich durch seine Anrufe gestört. Was, liebe Frau Dr. Annemarie, soll ich tun? Ich mag nicht zugeben, daß auch ich nach einem langen Arbeitstag am liebsten fernsehe und mich durch Vaters Anrufe gestört fühle.

Frau Dr. Annemarie

Alte Menschen entwickeln oft kleine Absonderlichkeiten, vor allem, wenn sie allein leben und niemand da ist, dem sie sich mitteilen können. Am besten klären Sie das Problem, indem Sie den alten Mann zu einer gemütlichen Tasse Kaffee zu sich einladen und ihm dann ganz liebevoll klarmachen, daß Sie am Abend einfach zu müde sind, um lange zu telefonieren. Sollte dieses Gespräch nichts nutzen und Ihr Vater Sie weiterhin anrufen, wird es wohl das Beste sein, ihn einmal über einen längeren Zeitraum hinweg ganz zu sich zu holen, um ihn langsam und geduldig an das Fernsehen zu gewöhnen. Ich bin sicher, daß er die verabscheuten Telefamilien mit der Zeit ebenso liebgewinnt wie Millionen anderer Fernsehzuschauer auch. Der wahre Grund, aus welchem wir gewisse Leute ablehnen, besteht ja oft einzig und allein darin, daß wir zuwenig von ihnen wissen. Es wird dann sicher bald der Tag kommen, an dem sich Ihr Vater mehr für das Schicksal der Tochter des Landarztes interessiert als für das Schicksal seiner eigenen Tochter, und die lästigen Anrufe werden ganz von selbst aufhören.

Kennwort: Aggression (39) w.

Meine sechzehnjährige Tochter benimmt sich seit einiger Zeit einfach unmöglich. Sie vernachlässigt die Schule, verbringt die meiste Zeit bei irgendwelchen Freunden aus der Drogenszene und kleidet sich in einer Weise, daß man sich schämt, mit ihr über die Straße zu gehen. So ließ sie sich zum Beispiel die Nase durchbohren und auf die Arme nackte Männer tätowieren. Auf gutgemeinte Ratschläge reagiert sie äußerst aggressiv, indem sie meinen Mann und mich als blöde Spießer beschimpft, die Türen knallt und sich tagelang nicht zu Hause blicken läßt.

Frau Dr. Annemarie

Junge Menschen in der Entwicklungsphase suchen ihren eigenen Weg ins Leben, und dies geht leider nicht ganz ohne Hindernisse und Stolpersteine ab. Machen Sie sich das zunächst einmal klar, ehe Sie Ihre Tochter zur Seite nehmen, um ihr ganz in Ruhe zu erklären, daß Sie sie liebhaben und sich nur aus diesem Grunde so sorgen. Kommen Sie ihr entgegen, indem Sie die Freunde Ihrer Tochter einmal ganz zwanglos zu einer Tasse Kaffee einladen und herauszufinden versuchen, warum die jungen Menschen die Schule vernachlässigen und so wenig Wert auf ihr Äußeres legen. Auf diese Weise kommen Sie sicher zu einer Lösung, die alle Beteiligten zufriedenstellt.

Kennwort: Nachbarin (28) w.

Mein Mann und ich sind seit einem halben Jahr miteinander verheiratet und könnten in unserer neuen Wohnung sehr glücklich sein. Leider macht uns unsere Nachbarin das Leben zur Hölle. Sie ist alleinstehend, seit einiger Zeit pensioniert und hat weder Freunde noch Interessen. Ihr einziges Interesse besteht darin, »durch die Wand« an unserem Leben teilzunehmen und uns im Treppenhaus aufzulauern, um sich über irgend etwas zu beschweren oder uns mit endlosen Tiraden zu langweilen. Es ist unmöglich, auch nur die Mülltonne zu erreichen, ohne dieser Frau über den Weg zu laufen.

Frau Dr. Annemarie

Menschen, die ihr ganzes Leben lang berufstätig gewesen sind, wissen oft mit der vielen freien Zeit nach der Pensionierung nichts Rechtes anzufangen, und dann ist das Gespräch mit der Nachbarin die einzige Möglichkeit, überhaupt ein paar Worte mit einem anderen Menschen zu wechseln. Sicher sucht ihre Nachbarin nur nach einem Vorwand, in näheren Kontakt mit Ihnen zu kommen, und die Beschwerden hören ganz von selbst auf, wenn Sie sich diesbezüglich nicht länger verschließen. Laden Sie die Dame doch einmal zu einer gemütlichen Tasse Kaffee ein, und versuchen Sie ihr ganz liebevoll klarzumachen, daß ein junges Ehepaar wie Sie naturgemäß das Bedürfnis hat, ungestört beisammen zu sein. Sollte das nichts nutzen, so nehmen Sie sie einfach einmal mit, wenn Sie spazierengehen oder eine Veranstaltung besuchen. Wenn Sie Ihrer Nachbarin die ersehnte Aufmerksamkeit freiwillig schenken, wird sie es gar nicht mehr nötig haben, sich diese zu erzwingen.

Kennwort: Eifersucht (41) w.

Ich bin Hausfrau, verheiratet und Mutter von drei halbwüchsigen Kindern. Meine pflegebedürftige Mutter lebt bei uns. Wir vertragen uns alle sehr gut, wenn nur meine Schwiegermutter nicht so oft zu Besuch käme. Meine Mutter reagiert dann immer sehr eifersüchtig und schließt sich, um nicht »zu stören«, beleidigt in ihrem Zimmer ein. Sie ist der Meinung, daß meine Schwiegermutter einfach zuviel Aufmerksamkeit für sich beansprucht, was sie auch tut, da sie ihrerseits findet, daß meine Mutter diese Aufmerksamkeit ja schließlich jeden Tag genießt. Ich bin von alledem schon ganz fertig.

Frau Dr. Annemarie

Es ist nicht leicht, alt zu werden und auf so viele Dinge verzichten zu müssen. Deshalb ist es verständlich, daß alte Menschen oft so hartnäckig um das Wenige kämpfen, das ihnen geblieben ist, in diesem Fall um Ihre Aufmerksamkeit und Zuwendung. Setzen Sie sich doch einmal in einer ruhigen Stunde mit den beiden alten Damen zusammen, und versuchen Sie bei einer gemütlichen Tasse Kaffee in aller Liebe zu erklären, wo die eigentliche Ursache des Problems zu suchen ist. Vielleicht wartet Ihre Schwiegermutter ja insgeheim auf das Angebot, ganz zu ihnen ziehen zu dürfen, und Sie sollten in der Tat einmal überlegen, ob sich nicht ein Plätzchen für sie findet. Ihrer Mutter wäre damit auch geholfen, da sie Ihre Schwiegermutter nicht länger als Eindringling betrachten müßte, sondern als Familienmitglied akzeptieren könnte, welches nicht mehr und nicht weniger Aufmerksamkeit genießt als sie selbst.

Kennwort: Trennung (51) w.

Ich bin seit sechsundzwanzig Jahren verheiratet, aber in letzter Zeit überlege ich immer öfter, ob es nicht das Beste ist, wenn ich mich von meinem Mann trenne. Er war nie sehr aufmerksam, aber seit einigen Jahren wechselt er kaum noch ein Wort mit mir. Wenn er von der Arbeit kommt, ißt er schweigend sein Abendbrot und setzt sich schweigend vor den Fernseher. Um elf geht er schweigend ins Bett. Das Wochenende verläuft genauso. Alle Versuche, ihn aus der Reserve zu locken, haben nichts genutzt. Ich habe sogar schon einen Selbstmordversuch hinter mir, ohne daß ihn diese Tat sonderlich beeindruckt hätte. Sagen Sie mir, was ich noch tun könnte und ob es nicht besser wäre, endlich die Trennung herbeizuführen, zumal wir auch sonst keinerlei Gemeinsamkeiten haben.

Frau Dr. Annemarie

Ich habe den Eindruck, daß Sie bisher versäumt haben, einmal darüber nachzudenken, warum Ihr Mann so schweigsam ist. Männer in diesem Alter haben oft mit Problemen zu kämpfen, die ihnen schwer zu schaffen machen und über die sie einfach nicht sprechen möchten. Es ist aber ebensogut möglich, daß Ihr Mann halt zu den etwas Stilleren im Lande gehört und am Abend einfach in Ruhe gelassen werden will.

Warten Sie doch einmal einen ruhigen Sonntagnachmittag ab, und setzen Sie sich mit Ihrem Mann ganz gemütlich zu einer Tasse Kaffee zusammen. Nutzen Sie dann die Gelegenheit, ihm ganz liebevoll zu sagen, wie sehr Sie unter seinem Schweigen leiden. Vielleicht ahnt Ihr Mann ja gar nichts von Ihren Problemen, und dieses Gespräch wäre der erste Schritt zu jener warmen und lebendigen Partnerschaft, nach der Sie sich so sehnen. Andererseits müssen Sie natürlich ebenso bereit sein, auf die Bedürfnisse Ihres Mannes einzugehen, und ihm zeigen, daß Sie stets unerschütterlich zu ihm halten und notfalls auch bereit sind, Seite an Seite mit ihm zu schweigen. Dies wäre zum Beispiel eine schöne Möglichkeit, das Ihre zu der erwünschten Gemeinsamkeit beizusteuern.

Top im Turm

Samstag morgens auf dem Flohmarkt treffen sich die Pistengänger von Freitagnacht, um sich rasch ein Schnäppchen zu sichern! Und dann ab, hinüber ins »Boul 40«, wo es diese herrlich frischen Croissants gibt und ein Frühstück auch schon mal bis zum Abend ausgedehnt werden darf, ehe man dann im Biergarten versackt und den Rest der Nacht in Henrys Jazzkeller verbringt. Wenn die Stadt erwacht, hopp unter die Dusche, und dann – ja und dann?

Wer sind eigentlich diese feschen Leute, die seit den Siebzigern durch gewisse Journale relaxen und unverdrossen »Summer in the City« spielen? Auf jeden Fall sind es dieselben, die das Leben auch sonst gut im Griff haben. Sie öden sich gar nicht erst in Null-acht-fuffzehn-Wohnungen am Stadtrand oder drängen sich im spießigen Reihenhäuschen, sie ziehen gleich in die lauschige Hinterhofidylle inmitten der City, die nämlich viel mehr Wohn- und Lebensqualität hat und ... »Wenig Geld – viel Phantasie!« – erstaunlich preiswert zu haben war. Als Alternative zur Hinterhofidylle gibt's diese Altbauetage mit den Stuckdecken und den Böden aus altem Eichenparkett, und das Schönste an dieser Wohnung ist immer die riesige Küche mit den Originalfliesen aus der Zeit um die Jahrhundertwende.

Die Küche hat natürlich den bezaubernden Blick auf den Gemüsemarkt, der dem Platz so was Italienisches gibt, und auf dem kleinen schmiedeeisernen Balkon züchtet Renate sogar Tomaten. Renate würde hier nie mehr wegziehen, denn sie liebt nicht nur die große Küche mit den alten Fliesen, sondern das ganze Viertel. Sie liebt »ihren Griechen« und »ihr Bistro« (Frühstück!!!) und »ihren Antik- und Trödelhändler«, bei dem man sich so fabelhaft festquatschen kann, sofern man dies nicht schon im Bistro nebenan getan hat.

Und wenn man das alles so liest und sich in die dazugehörigen Fotos vertieft und bedenkt, daß die mit den Flohmarktschnäppchen dieselben sind, die schon die Hinterhofidylle haben, dann könnte man vor Neid erröten wie die Tomaten auf Renates Balkon. Frau fragt sich als eifrige Leserin dieser Gazetten, ob die Journalistin (es scheint seit zwanzig Jahren stets dieselbe zu sein) eigentlich nicht inzwischen gemerkt hat, daß es nicht so sehr um das Problem geht, die Altbauetage, wahlweise Hinterhofidylle (wenn Hinterhofidylle, dann schön begrünt), wahlweise Dachstudio (wenn Dachstudio, dann Dachterrasse, wenn Dachterrasse, dann mit »Blick«) flott einzurichten (»In Terrakotta wirkt Grünes am schönsten«), sondern um das Objekt selbst, welches zu kriegen oft schwerer ist als der Terrakottakasten, den man, hätte man nur erst die Terrasse, durchaus auch ohne die Hilfe »unseres Architekten« wirkungsvoll zu begrünen wüßte.

Gleichzeitig mit der Energiekrise kam das Wohnen im Loft und gewann an Prestige.

Der Loft ist immer riesig (»Endlich Platz für Bilder!«) und erst mit Blick auf alte Hafenanlagen so richtig top. Hat man sich die Eisentreppe erst mal hinaufgewunden, ist er rasch beziehbar, denn je größer der Raum, um so sparsamer sollte er eingerichtet werden. (»Im Loft ist weniger oft mehr, tragen Sie Ihren Stuhl ins Gegenlicht!«)

Ich werde meinen Stuhl nie ins Gegenlicht tragen und mich dann im Anblick der Hafenanlagen ergehen, denn das Wohnen in den bevorzugten Objekten ist an bestimmte Berufsgruppen gebunden: Im Hinterhof haben sich seit Jahrzehnten die Maler festgekrallt. Sie sind ein wenig von gestern und bevorzugen »das Krumme und Schiefe mit dem besonderen Reiz«. Die Altbauetage ist für die Ressorts Galerie–Antik–Graphik reserviert, vielleicht, daß sich mal ein Fotograf einschleicht. Im Loft haben sich Objektemacher, Verpackungs- und Lichtkünstler eingecheckt, aber die Werbung holt auf. Hier ist übrigens eine Wandlung im Umgang mit der Lust am Wohnen zu bemerken, denn im Gegensatz zu den Künstlern, die abgeblätterte Fußböden, rostige Eisengitter und verschmierte Fensterscheiben nicht stören, ja bei denen jegliche Lust vom Grad der Verschmierung abhängig ist, wird die Werbung ihren Stuhl erst ins Gegenlicht stellen, wenn selbiges durch stilecht renovierte Fenster auf italienische Fliesen flutet.

Im Wasserturm sitzt manchmal ein Dichter. Wassertürme sind der Lage wegen nicht ganz so beliebt bei Graphik und Werbung, weil das »Boul 40« schwer erreichbar ist und der Blick über die Wiesen an der häßlichen Fassade der dörflichen Raiffeisenbank endet. Aber den Dichter stört das nicht so. Der sitzt im Turm und spinnt sich ein, über jenen wackligen Resopaltisch gebeugt, den der Vorgänger hinterlassen hat und den der Dichter noch nie eines Blickes gewürdigt hat. Deshalb bietet er auch keinerlei Anreiz für den Artikel »Top im Turm« und taucht in den einschlägigen Gazetten so gut wie niemals auf. Verläßt er jedoch seine Idylle, um etwa auf Fontanes Spuren durch die Mark Brandenburg zu wandeln, eilen emsig Werbung und Graphik herbei, um sich für immer einzunisten. Werbung und Graphik schätzen Wassertürme nämlich als Wochenenddomizil, und das ist gut, denn auf diese Weise wird der Turm auch endlich top, und das bekannte Team rückt an, um die Reportage: »Der Türmer ist längst ausgezogen« wirkungsvoll ins Bild zu setzen.

Das Weekend auf dem Lande verbringt man gern mit allen Freunden, denselben, mit denen man auch das Frühstück im »Boul« und den Gang über den Flohmarkt genießt, ehe man am Montag morgen zurück in die City jettet. Hier geht's am Abend dann gleich wieder ab auf die Piste, »Summer in the City« folgt »Weekend auf dem Lande«: Biergarten, Flohmarkt, »Boul 40«… doch eigentlich müßte man auch mal wieder ins… aber das ist Philips Geheimtip, den er nur seinen besten Freunden verrät.

Eigentlich schade, denkt man, daß sie so untentwegt auf der Piste sind, wo sie zu Hause doch den Loft und die Hinterhofidylle oder das Dachstudio mit der tollen Terrasse haben. Aber da treffen sie sich manchmal Mittwoch abends und essen die Gambas, die Dominic so unvergleichlich gut zu grillen versteht.

Und dann duftet der Thymian durch die laue City-Nacht, und die Schiffe tuten unten im Hafen. Und wenn Dominic dieses Tuten hört, dann kriegt er immer so Fernweh, dann muß er einfach mal weg hier, weg von Altbauetage und Wasserturm, dann zieht's ihn in die Provence, in jenen alten Ziegenstall, den er sich vor einigen Jahren umgebaut hat und wo ihm der Wein bis ins Schlafzimmer hineinwächst.

Aber dieses »kleine Stück vom Paradies«, das kriegen wir erst in der Augustausgabe zu sehen, wie immer am ersten Dienstag des Monats.

PS
Mann extra

Männer machen sich keine besondere Mühe
mit ihrem Aussehen. Sie sehen alle relativ gleich aus.
Cheryl Benard

»Gerhard«, das Journal für den Mann

Natürlich gibt es Zeitschriften für Männer:

Geil-Man, Schocker-Girl und *Porno-Proll, Börsenhit* und *Macht*. Was fehlt, ist *Gerhard*, das Journal für den *anderen* Mann, jenen Mann, den *frau* sich wünscht, jenen Mann, der Frauen liebt und dennoch verunsichert ist, weil er nie so richtig kapiert hat, daß weibliche Zurückweisung oft eine direkte Folge verheerender Unkenntnis auf dem Sektor: »Schön für Blonde: Bleu« ist. Jenem Sektor, auf dem sich *frau* so sicher bewegt, sicher, dank der jahrzehntelangen Lektüre von *Hannelore, dem Magazin für Sie*. Also Ralf, der noch immer in der Kombination: Sandale-Trevirasocke herumdampft, weil er niemals den Artikel: »Erotisch: der Fuß« gelesen hat, der nicht weiß, daß die lila Tupfen auf seinem Schlips graue Haut noch grauer wirken lassen, dagegen der kleine Wirbel im Nacken, richtig aufgeplüscht und leicht angegelt, die Frauen verrückt machen würde, Ralf braucht endlich *Gerhard*, das Journal, das ihm weiterhilft, *Gerhard*, den besten Freund des Mannes.

In *Gerhard* würde auch seine Frau gern mal blättern, schon aus dem Grunde, weil man *Gerhard*, ganz im Gegensatz zu *Geil-Man* und *Porno-Proll*, offen herumliegen lassen kann und die Kinderseite: »Der kleine *Gerhard*« schon den Jüngsten erfreut. Ein Spaß für die ganze Familie also und eine echte Bereicherung für den Feierabend, wenn Er dann in der einen Sofaecke in seinem *Gerhard* blättert und Sie in der anderen die neueste Ausgabe von *Hannelore* studiert.

Wie aber müßte *Gerhard* nun aussehen? Auf jeden Fall attraktiv. Der Titel lockt nicht mit weiblicher Schönheit, sondern zeigt Ralfi selbst, wie er aussehen könnte, wenn er all die Tips, die *Gerhard* Woche für Woche bereithält, nur beherzigen würde.

»Schön für Blasse – Winterweiß« würde zum Beispiel die Titelstory heißen, die den Topton der Saison zeigt und auf die verschiedenen Hauttypen peinlich genau eingeht: »Frisch fürs Büro: Winterweiß mit Rot.« »Erotisch für abends: Winterweiß mit Gold.« »Frech für Mutige: Winterweiß mit Mauve.«

Ist Ralf darüber informiert, was ihn in diesem Winter hübscht, könnte *Gerhard* das Hemd lüften und die Dessous zeigen, die der elegante Herr in dieser Saison bevorzugt.

- Für kalte Tage: Feinripp mit Beinchen!
- Schön für drunter: Winterbodys!
- Versteckt den kleinen Bauchansatz: Leibbinde im Dreifachstretch!

Ist Ralf drunter und drüber top, geht's weiter mit hundert Tips für die Frisur:

- Wenn's »oben« lichter wird: Henna zaubert Fülle!
- Antiklatsch: das Fünf-Minuten-Gel für unterwegs!
- Wenn die Stirn bis zum Nacken reicht: das Soft-Make-up mit Fliegenschutz!

Auf den folgenden Seiten gibt *Gerhard* dann Tips, wie mann den Berufsalltag ohne Durchhänger übersteht und sich schnell und diskret für abends schönt:

- Bringt den Kreislauf in Schwung: die Rolle rückwärts übern Schreibtisch.
- Schön für die Chefin: Eiskompresse hebt Tränensack.
- Zehn Minuten Augenrollen: Macht den Blick strahlend und klar.

Vom Büro gleich in die Disco? Kein Problem, hier hilft der *Gerhard-Freizeittip:* In zehn Minuten ausgehfein:

- Jackettärmel aufrollen, Straßsternchen in den Schlips pieksen, weg mit den Schnürsenkeln und dann: ab, auf die Piste.

Da alles jedoch keinen Spaß macht, wenn mann nicht fit ist, gibt die Männerärztin Doktor Anneliese Kühlemann-Senf Rat. Die Männerärztin Doktor Kühlemann-Senf berät Ralf bei Problemen mit Prostata und Impotenz und verweist, wenn er ihr gesteht, daß »Gerda-Beate ihn schon seit fünf Wochen nicht mehr berührt habe«, auf *Gerhards* heutigen Sonderteil: »Macht müde Frauen munter: das männlich-erotische Drunter!«

Abgesehen von Frau Kühlemann-Senf hilft Ralf auch »unsere Schönheitsberatung«, die das Beste aus seinem Typ macht. Schönheitsspezialist Manuel rät dringend zur Bauch-weg-Gymnastik in Verbindung mit einer Ganzmassage, bei der Ralf ganz nebenbei auch »lästige Pölsterchen« loswird und die die Haut an Po und Schenkeln strafft. Dann inspiziert er Ralfs Kleiderdepot und empfiehlt, den ganzen Krempel beherzt auf den Mist zu werfen und die Garderobe rigoros auf die Grundtöne »Sand und Ocker« umzustellen. »Sand und Ocker« wirken, wie Manuel rasch herausfindet, bei Ralfs achtundzwanzig Haaren, die, hochgeplüscht und weichgespült, hennagegerbt und softgefönt, sogar noch eine Frisur ergeben, einfach am besten.

Die Bauch-weg-Gymnastik und die Po-Straff-Massage werden von der *Gerhard-Zucchini-Diät* unterstützt, die, konsequent angewandt, sogar aus Ralfs etwas plumper Sacksilhouette einen smarten Typ im *Gerhard-Stil* macht.

Da alle Männer viel zuviel fernsehen, was nicht nur der Gesundheit, sondern auch der Kreativität schadet, hält *Gerhard* jede Menge Basteltips bereit:

- *Gerhard im Advent:* Wir sticken auf Stramin: Dreißig tolle Rennautos im Bastelbogen.
- *Gerhard und das Geschenk in letzter Minute:* Kerzenständer aus Auspuffrohren.
- *Hübsch für Zeitungen:* Sieben leere Balldosen, besprüht mit Autolack im Lieblingsfarbton. Besonders originell dazu: Ein Jahresabo *Gerhard.*
- *Hier kommt's auf die Verpackung an:* Ausgediente Glühbirnen mit Konfetti bekleben und zusammen mit einem Fläschchen Nasenspray an drei Taschentücher binden. Hübsch dazu: ein Jahresabo *Gerhard.*
- *Und noch eine Geschenkidee für den besten Freund oder den netten Schwiegervater:* Die Sechzig-Minuten-Gesichtsmaske zusammen mit einer Sechzig-Minuten-CD. (Originell: Eine Exklusiv-Interview-Gala mit Boris Becker.)
- *Und wenn's etwas teurer sein darf:* Ein Jahresabo *Gerhard* (vierundzwanzig Hefte) und vierundzwanzig Gesichtsmasken.

Hübsch dazu: Vierundzwanzig Brillenputztücher im Brillenputztuchkästchen. (Schnitzvorlage im Bastelbogen.)

Nach Weihnachten lädt *Gerhard* dann zur Silvesterfete:

- *Gerhard deckt den Tisch:* Für jeden Gast ein Schokoladenfußball im selbstgeknüpften Netz. (Anleitung für die Ballnetzchen im Bastelbogen.)
- *Anstelle langweiliger Tischdecken:* Der Wirtschaftsteil Ihrer Lieblingszeitung auf Nessel gedruckt. (Fragen Sie in einschlägigen Deko-Shops.)
- *Weg mit den Messern: Gerhard* deckt mit rustikalen Beilchen im Minischliff. (Spielzeugabteilung im Kaufhaus.)

  Und der Garderobentip für den letzten Abend im alten Jahr:
- *Ein Dinnerjackett mit Überraschungseffekt:* Die Jacke ist hinten geschlitzt und läßt das freche Futter blitzen. Schön dazu: Das Beinkleid in der neuen Länge: *Gerhard* zeigt endlich wieder Socke. (Tips für Abendsocken mit Glitzereffekt im Sonderteil.)

Das jeweilige Heft verabschiedet sich dann mit dem Horoskop, unter besonderer Berücksichtigung der Erfolgs- und Biokurve und der Chancen, die *Er* bei *Ihr* hat:

»Achtung, zu Wochenbeginn sind Sie gefordert: Eine wichtige Besprechung mit der Chefin. (Tragen Sie Grün, Grün stimmt friedlich.)

Mittwoch: Nachlassen der Spannkraft. Beugen Sie vor mit Hilfe Ihres *Gerhard-Bauch-weg-Rolle-rückwärts-Programms.*

Am Samstag winkt Venus: Seien Sie auf die Begegnung vorbereitet: Gelen Sie den Nackenwirbel, und pieksen Sie den Straßstern in den Schlips! Denken Sie an die neue Beinkleidlänge: Zeigen Sie *Ihr* ruhig mal Knöchel. Beste Farbe für Modemutige: Rot! Aber Achtung!!! Für alle hellhäutigen Gerhards: *Rot nur mit Winterweiß!*«

Die Frau in der Gesellschaft

Harriet Ayres (Hg.)
Schönen Tod noch, Sammy Luke
Zehn mörderische Geschichten
Band 10619

Fiorella Cagnoni
Eine Frage der Zeit
Kriminalroman
Band 10769

Sabine Deitmer
Bye-bye, Bruno
Wie Frauen morden
Band 4714
Auch brave Mädchen tun's
Mordgeschichten
Band 10507
Kalte Küsse
Kriminalroman
Band 11449

Ellen Godfrey
Tödlicher Absturz
Ein Kriminalroman
Band 11559

Sarah Dreher
Stoner Goes West
Kriminalroman
Band 11556
(in Vorbereitung)

Ingrid Hahnfeld
Schwarze Narren
Kriminalroman
Band 11076

Maria A. Oliver
Drei Männer
Kriminalroman
Band 10402
Miese Kerle
Kriminalroman
Band 10868

Elisabet Peterzén
Bis daß der Tod sie scheidet
Thriller
Band 11293

Shirley Shea
Katzensprung
Ein Kriminalroman
Band 11021

Katrin & Erik Skafte
Lauter ganz normale Männer
Ein Krimi –
Nur für Frauen
Band 4732

Fischer Taschenbuch Verlag

fi 21 / 2 b

Die Frau in der Gesellschaft

Maya Angelou
Ich weiß, daß der gefangene Vogel singt. Band 4742

Mariama Bâ
Der scharlachrote Gesang
Roman. Band 3746

G. Brinker Gabler
Deutsche Dichterinnen vom 16. Jahrhundert bis zur Gegenwart
Gedichte und Lebensläufe
Band 3701

Janina David
Leben aus zweiter Hand
Roman. Band 4744

M. Rosine De Dijn
Die Unfähigkeit
Band 3797

Anna Dünnebier
Eva und die Fälscher
Roman. Band 4728

A. Dünnebier (Hg.)
Mein Genie
Haßliebe zu Goethe & Co.
Band 10836

Ursula Eisenberg
Tochter eines Richters
Roman. Band 10622

Oriana Fallaci
Brief an ein nie geborenes Kind
Band 3706

M. Gabriele Göbel
Amanda oder Der Hunger nach Verwandlung
Erzählungen
Band 3760

A.-M. Grisebach
Eine Frau Jahrgang 13
Roman einer unfreiwilligen Emanzipation. Band 4750
Eine Frau im Westen
Roman eines Neuanfangs
Band 10467

Helga Häsing
Unsere Kinder, unsere Träume
Band 3707

Helga Häsing/
I. Mues (Hg.)
Du gehst fort, und ich bleib da
Gedichte und Geschichten von Abschied und Trennung
Band 4722

Fischer Taschenbuch Verlag

fi 20 / 22 a

Die Frau in der Gesellschaft

Helga Häsing/
I. Mues (Hg.)
Vater und ich
Eine Anthologie
Band 11080

Bessie Head
Die Farbe der Macht
Roman. Band 11679

B. Head/
E. Kuzwayo/
N. Gordimer u. a.
Wenn der Regen fällt
Erzählungen aus Südafrika
Band 4758

Jutta Heinrich
Alles ist Körper
Extreme Texte
Band 10505
Das Geschlecht der Gedanken
Roman. Band 4711

Irma Hildebrandt/
Eva Zeller (Hg.)
Das Kind, in dem ich stak
Gedichte und Geschichten über die Kindheit
Band 10429

Sibylle Knauss
Erlkönigs Töchter
Roman. Band 4704

Rosamond Lehmann
Aufforderung zum Tanz
Roman. Band 3773
Der begrabene Tag
Roman. Band 3767
Dunkle Antwort
Roman. Band 3771
Der Schwan am Abend
Fragmente eines Lebens
Band 3772

Rosamond Lehmann
Wie Wind in den Straßen
Roman. Band 10042

M. Lohner (Hg.)
Was willst du, du lebst
Trauer und Selbstfindung in Texten von Marie Luise Kaschnitz
Band 10728

Audre Lorde
Zami
Ein Leben unter Frauen
Band 11022

Monika Maron
Flugasche
Roman. Band 3784

Johanna Moosdorf
Die Andermanns
Roman. Band 11191

Fischer Taschenbuch Verlag

fi 20 / 24 b

Die Frau in der Gesellschaft

Johanna Moosdorf
Die Freundinnen
Roman. Band 4712
Jahrhundert-träume
Roman. Band 4739
Fahr hinaus in das Nachtmeer
Gedichte. Bd. 10217
Die Tochter
Geschichten aus vier Jahrzehnten
Band 10506
Franziska an Sophie
Erzählung
Band 11861

Ronnith Neumann
Nirs Stadt
Erzählungen
Band 10574
Die Tür
Erzählungen
Band 11055

Maria Nurowska
Postscriptum für Anna und Miriam
Roman. Band 10309

Carme Riera
Selbstsüchtige Liebe
Novelle. Band 11096

Karin Rüttimann
Schwalbensommer
Roman. Band 4749
Warten auf L.
Sylter Winterballade
Band 10885

Marlene Stenten
Albina
Monotonie um eine Weggegangene
Band 10994
Puppe Else
Band 3752

M. Tantzscher (Hg.)
Die süße Frau
Erzählungen aus der Sowjetunion
Band 3779

Miriam Tlali
Soweto Stories
Band 10558

Johanna Walser
Die Unterwerfung
Erzählung
Band 11448

Charlotte Wolff
Flickwerk
Roman. Band 4705

Yvette Z'Graggen
Zerbrechendes Glas
Roman. Band 4737

Fischer Taschenbuch Verlag

fi 20 /12 c